2002—2020

HARBIN INSTITUTE OF TECHNOLOGY, SHENZHEN

筚路蓝缕　以启山林

哈尔滨工业大学（深圳）发展史

《筚路蓝缕　以启山林》编委会　编

哈尔滨工业大学出版社

图书在版编目(CIP)数据

筚路蓝缕　以启山林:哈尔滨工业大学（深圳）发展史 /《筚路蓝缕　以启山林》编委会编. — 哈尔滨：哈尔滨工业大学出版社, 2020.6
ISBN 978-7-5603-8791-8

Ⅰ.①筚… Ⅱ.①筚… Ⅲ.①哈尔滨工业大学（深圳）– 校史 Ⅳ.①G649.286.53

中国版本图书馆CIP数据核字(2020)第068549号

筚路蓝缕　以启山林:哈尔滨工业大学（深圳）发展史
BILU-LANLÜ YI QI SHANLIN: HARBIN GONGYE DAXUE (SHENZHEN) FAZHAN SHI

策划编辑	李艳文　范业婷
责任编辑	王晓丹　孙　迪
装帧设计	屈　佳
出版发行	哈尔滨工业大学出版社
社　　址	哈尔滨市南岗区复华四道街10号　邮编150006
传　　真	0451-86414749
网　　址	http://hitpress.hit.edu.cn
印　　刷	文畅阁印刷有限公司
开　　本	787mm×1092mm　1/16　印张16　字数245千字
版　　次	2020年6月第1版　2020年6月第1次印刷
书　　号	ISBN 978-7-5603-8791-8
定　　价	100.00元

(如因印刷质量问题影响阅读，我社负责调换)

编 委 会

顾　　问	周　玉　杨士勤　刘家琦　强金龙
	强文义　何钟怡　吴　林　张　华
主　　编	吴德林　甄　良　姚英学　张　敏
编　　者	温　婷　李　琳　常　溪　项　峰
	方灵敏　向碧霞　沈敏芳

感谢哈工大（深圳）档案与校史馆提供资料

前 言

光阴荏苒,川逝驹驰。哈尔滨工业大学在深圳的办学征程,从动议,到草创,经开拓,历风雨,已度过近二十个春秋。正如人的一生,从含苞孕育,到卓然成立,二十个寒来暑往中饱含着父母、师长、友人和自己的无数辛苦与努力、艰难和奋进。筚路蓝缕,以启山林,落在纸上是简单的八个字,而刻在历史的轮迹中的,却是那每一块磐石,每一滴汗水,每一分呕心沥血,每一次宵衣旰食,最终才能得到这一树的甘美硕果。

荔枝原头春水深,丁香树下共论心。当我们回首市校双方共同创办深圳校区的历史时,想要总结的是哈工大精神在南国鹏城的生根发芽,想要回顾的是"八百壮士"精神在对外开放最前沿的传承绽放,想要记录的是"规格严格,功夫到家"的校训在改革热土上的实践探索,想要

呈现的是哈工大精神与深圳基因的一次完美结合，以及蕴含着的未来的无限可能。

　　从历史中汲取经验，从历史中探索未来，是深圳校区不断前行的重要基础。本次编写，将通过五个相对独立又前后呼应的篇章，以时间为轴，全面梳理深圳校区近二十年的办学历史，使条理清晰；以纪事本末之体，突出重要节点、人物、事件；以翔实的数据，充分展示办学成果；以生动的案例，彰显文化精神与师生情谊。

　　艰难困苦，玉汝于成。在习近平新时代中国特色社会主义思想的引领下，借助双区驱动战略的强劲东风，年轻的深圳校区将秉承哈工大"一世纪规格功夫"，努力在全体哈工大人的奋斗浪潮中，搏击出属于自己的闪耀浪花，努力为学校"新百年世界一流"做出更大贡献！

目 录

第一章 初创奠基：谋发展（2001—2003）

第一节 办学缘起 / 3
一、校友牵线与广东结缘 / 3
二、参加高交会成为哈工大创建深圳研究院的契机 / 4

第二节 落地深圳 / 7
一、深圳创建大学城带来办学机遇 / 7
二、市校商讨合作办学事宜 / 7
三、正式签订市校合作办学协议 / 10
四、深圳大学城哈工大校区开工建设 / 13
五、终获教育部办学批文 / 13

第三节 没有校园的大学 / 16
一、配齐领导班子 / 16
二、创新开展"两段式"人才培养 / 16
三、高瞻远瞩规划学科设置 / 18
四、哈工大深圳研究生院正式挂牌 / 19
五、独辟蹊径的三种培养模式 / 21
六、同心协力，平稳度过非典时期 / 22

第四节 办学逐步迈入正轨 / 24
一、第一届理事会正式成立 / 24
二、正式入驻深圳大学城 / 26
三、首届硕士研究生顺利毕业 / 28
四、构建以多元化为特色的师资队伍 / 30
五、首批设置5个学科群 / 31
六、开拓国际合作教育网络 / 31
七、科研工作初显身手 / 32

第二章 筚路蓝缕：打基础（2004—2007）

第一节 建章立制：组织机构逐步完善 / 38

一、领导机构：深圳研究生院新一届领导班子调整 / 39

二、运行机制："两级双体系"机制逐步形成 / 39

三、办学平台：逐步完善三个办学平台 / 41

四、研究机构：成立学科部和研究中心 / 43

第二节 人才培养：进入全过程人才培养阶段 / 46

一、逐步实现全过程人才培养 / 46

二、坚持三种人才培养模式 / 48

三、人才培养与校本部统一质量 / 49

四、形成踏实勤奋、宽容开放的校园文化 / 52

第三节 师资队伍：引培并举成效显著 / 53

一、全职教师博士化率达到100% / 53

二、荣获"深圳市优秀博士后科研工作单位"称号 / 54

第四节 科学研究：夯实基础服务社会 / 56

一、形成国家、市、院三级实验室建设模式 / 56

二、科技经费逐年攀升 / 57

三、校企合作硕果累累 / 58

第三章 高歌前行：储实力（2008—2012）

第一节 市校合作：朝着建设校区方向携手并进 / 65

一、校区建设构想被提上议程 / 65

二、市校合作办学工作会议 / 67

三、签署新的合作办学备忘录 / 68

　　　　四、配齐领导班子成员 / 69

　　　　五、办学成果受到广泛肯定 / 69

　　　　六、隆重庆祝建院十周年 / 71

　第二节　体制创新：从源头保证教学科研创新发展 / 75

　　　　一、成立院务工作委员会 / 75

　　　　二、三个办学平台发挥重要作用 / 76

　　　　三、健全组织，组建学院 / 76

　　　　四、逐步完善行政体系 / 78

　第三节　优化架构：党建工作质量不断提升 / 81

　　　　一、成立教职工党支部 / 81

　　　　二、其他党团工作 / 82

　第四节　补充提高：从"筑巢引凤"到"引凤筑巢" / 84

　　　　一、建立国际化特色突出的教师队伍 / 84

　　　　二、建立博士后科研实践基地 / 85

　第五节　注重质量：分类培养成效显著 / 87

　　　　一、加强南方地区重点高校招生宣传力度，持续提高影响力 / 87

　　　　二、稳步推进研究生分类培养体制改革 / 88

　　　　三、人才培养质量得到用人单位广泛认可 / 89

　　　　四、以"全人发展"理念培育时代栋梁 / 90

　第六节　稳步提升：科学研究蓬勃发展 / 94

　　　　一、创新载体数量稳步提升 / 94

　　　　二、累计到账科研经费 4.2 亿元 / 95

　　　　三、推动国家科技进步 / 97

　　　　四、服务区域经济社会发展 / 99

　第七节　积极引导：国际合作初见成效 / 102

第四章　以启山林：新起点（2013—2017）

第一节　厚积薄发　谋划未来办学崭新格局 / 108
　　一、加强领导班子建设 / 108
　　二、初启本科教育筹备工作 / 110
　　三、建设哈工大（深圳）的必要性 / 111
　　四、市校签署新的合作办学协议 / 114
　　五、教育部批准筹办本科教育 / 116

第二节　全力以赴　市校合力推进去筹工作 / 117
　　一、组建筹建办公室 / 117
　　二、全面部署去筹任务 / 120
　　三、贯彻落实哈工大十二次党代会精神 / 121
　　四、加快推进去筹进程 / 122

第三节　众志成城　教职员工奋力拼搏开拓 / 127
　　一、本科校区扩建工程：获中国BIM"荣誉白金级"认证 / 127
　　二、本科人才培养体系：制订本科教育规划和培养方案 / 130
　　三、本科实验教学平台：构建创新实践教育体系 / 133
　　四、本科招生旗开得胜 / 134

第四节　获批去筹　开启深圳校区办学新章 / 142
　　一、工信部致函教育部：同意深圳校区以单独招生代码开展本科教育并更名为哈尔滨工业大学（深圳）/ 142
　　二、深圳市政府大力支持深圳校区开展本科教育 / 143
　　三、广东省院校设置评议委员会专家组来深圳校区考察 / 144
　　四、广东省政府致函教育部：支持哈尔滨工业大学深圳研究生院举办本科教育并更名 / 145
　　五、市校领导多次赴教育部汇报去筹工作 / 145
　　六、教育部专家组来深圳校区考察评议筹办本科教育工作 / 146
　　七、教育部复函同意校区正式举办本科教育 / 148
　　八、以新的精神，迎接新的挑战，创造新的业绩 / 151

第五章　继往开来：促腾飞

第一节　构筑高等教育改革试验田 / 161
　　一、发展历程：筚路蓝缕　以启山林 / 161
　　二、建设领导班子：完善工作分工　设立校长助理 / 167
　　三、行政教辅体系：服务办学目标　满足管理需求 / 168
　　四、教学科研机构：做好教书育人工作　开展科研创新 / 176
　　五、学科体系建设：面向国家战略　打造一流学科 / 179

第二节　以党建为龙头带动各项工作发展 / 181
　　一、固本强基抓服务　党建引领育英才 / 182
　　二、凝聚思想共识　树立形象品牌 / 187
　　三、聚焦监督主责　厚植廉洁文化 / 189

第三节　培育具有哈工大规格的拔尖创新人才 / 191
　　一、持续扩大办学规模　生源质量不断提升 / 191
　　二、开展教育思想大讨论　创新人才培养机制 / 192
　　三、加强办学条件建设　为人才培养提供有力保障 / 194
　　四、坚持理论联系实际　提升人才培养质量 / 196
　　五、积极响应国家号召　开展创新创业活动 / 197
　　六、菁菁校园施展才华　社团促进全人发展 / 198
　　七、赠人玫瑰手有余香　荔园孕育义工文化 / 199

第四节　探索用人机制改革　强化师资队伍建设 / 201
　　一、坚持人才引领发展　汇聚国际高端人才 / 201
　　二、大力引培青年人才　不断优化师资结构 / 202

第五节　以科技进步与技术创新为使命 / 204
　　一、立足国际学术前沿　科研成果丰硕喜人 / 205
　　二、布局重大科技平台　强化战略科技力量 / 212
　　三、深入推进校企合作　促进科研成果转化 / 214

　　四、汇聚高校智力资源　助力文化强市建设 / 216

第六节　打造国际化办学的示范区 / 218

　　一、拓展全球合作网络　助力培养拔尖人才 / 218

　　二、教师跻身国际舞台　打造特色品牌项目 / 218

　　三、构建多元交流体系　助力学生走出国门 / 219

　　四、依托粤港澳高校联盟　助力大湾区战略发展 / 219

　　五、推进国际合作办学　建设国际设计学院 / 220

第七节　建设世界一流大学校区校园 / 222

　　一、校园建设融汇市校精神文化 / 222

　　二、智慧校园服务教学信息化建设 / 227

附　录

1. 教育部关于同意设立哈尔滨工业大学深圳研究生院的通知（教研函〔2002〕1号）/ 229
2. 深圳市机构编制委员会关于成立哈尔滨工业大学深圳研究生院通知（深编〔2002〕28号）/ 231
3. 中共哈尔滨工业大学委员会关于成立中共哈尔滨工业大学深圳研究生院总支部委员会的决定
   （校党发〔2004〕39号）/ 233
4. 共青团哈尔滨工业大学委员会关于成立中国共产主义青年团哈尔滨工业大学深圳研究生院委员会的批复
   （团发〔2010〕7号）/ 234
5. 中共哈尔滨工业大学委员会关于成立中共哈尔滨工业大学深圳研究生院委员会的通知
   （校党发〔2010〕42号）/ 235
6. 教育部关于同意哈尔滨工业大学深圳研究生院筹备举办本科教育的函（教发函〔2014〕107号）/ 236
7. 深圳市人民政府办公厅关于设立哈尔滨工业大学（深圳）筹建办公室的通知（深府办函〔2015〕103号）/ 238
8. 中共深圳市委教育工作委员会关于成立哈尔滨工业大学（深圳）筹建办临时党委及唐杰等同志任职的通知
   （深教工委发〔2015〕24号）/ 240
9. 教育部关于同意哈尔滨工业大学深圳校区开展本科教育的函（教发函〔2017〕86号）/ 242
10. 中共深圳市委组织部关于成立中国共产党哈尔滨工业大学（深圳）委员会的通知（深组党〔2017〕1号）/ 244
11. 中共深圳市委组织部关于成立中国共产党哈尔滨工业大学（深圳）纪律检查委员会的通知
    （深组党〔2018〕2号）/ 245

第一章　初创奠基：谋发展
（2001—2003）

第一节　办学缘起

一、校友牵线与广东结缘

改革开放使广东的经济飞速发展，为高等学校开展"产学研"相结合的教育改革提供了发展的平台。随着广东经济的持续发展，特别是深圳经济特区的崛起，哈工大与广州、深圳企业开展的科技合作迅速发展。

为了进一步在经济发达的广东开展"产学研"相结合的高等教育改革，1998年6月28日，由哈工大党委书记李生、校长杨士勤、党委副书记强金龙、副校长王祖温，科学与工程院副院长王尔德，生产开发办主任孙光裕，科研处副处长郭斌，张乃通教授和方滨兴教授等14人组成哈工大代表团赴广州，进行项目洽谈和科技合作。

6月29日，广州市委书记黄华华在副市长张广宁，以及建委、公安局、机械局等领导的陪同下，热情地接见了代表团，欢迎与哈工大开展科技合作。

当日晚上8:30，广东省委书记李长春和夫人张淑荣同志（二人都为哈工大校友）专程到广东大厦来看望李生、杨士勤、强金龙和王祖温，李生他们感到非常兴奋和激动。

30日晚，李长春书记在广东省副省长卢钟鹤、科委主任方旋、高教厅厅长许学强等同志的陪同下，接见了哈工大代表团及哈工大广东校友会成员。省领导在了解到哈工大代表团此行的目的后，卢钟鹤副省长首先表示欢迎哈工大到广东进行科技合作。

接着，李长春书记就广东科技兴省存在经济迅猛发展与高等科技教育发展相对落后的矛盾，以及高质量科技人才的培养满足不了广东经济发展的需求，会使广东经济发展的后劲不足等问题深刻分析，并表达了热情欢迎哈工大等我国高水平理工科大学到经济发达的广东地区开展科技合作的殷切期望。

李长春书记的一番话使哈工大代表团成员深受启发，也为哈工大服务广东指明了方向。

哈工大代表团原本只是想与改革开放的前沿省份广东进行科技合作，进行"产学研"相结合的教育改革。在认真学习李长春书记的讲话后，大家茅塞顿开，萌生了在广东异地办学的想法，想在"产学研"相结合教育改革模式的基础上，进一步探索"政企学研"相结合创新体制的教育改革。一方面，哈工大在广东地区有很多校友（仅次于在北京），遍布于经济发达的广州、深圳和珠海等地，或是创办了很多高新技术企业（如深业集团和海王集团等），或是供职于华为、中兴等公司，对广东特别是深圳的经济建设发挥了很大作用，也成为哈工大在深圳办学、进行教育改革的坚实基础。另一方面，更为重要的是有对哈工大深情热爱和满怀感恩的李长春书记对哈工大建设发展的亲切关怀和热情支持，成为哈工大下定决心在深圳办学的动力，为哈工大在深圳异地办学提供了重要的推动力。

在时任广东省委书记李长春、时任广东省委副书记兼深圳市委书记张高丽及深圳市政府等领导的关怀与支持下，哈工大与深圳市政府先后合作成立深圳国际技术创新研究院、深圳研究生院，多年后在深圳研究生院的基础上增办本科教育，建成了哈工大深圳校区，实现了"哈尔滨、威海、深圳"一校三区的战略目标。今天，正在逐步发展成为探索高等教育改革试验田、汇聚高端人才桥头堡、国际合作办学示范区的高素质人才培养、科学技术研究和成果转化的基地，努力朝着建成"中国特色、世界一流、哈工大规格"的百年强校的目标不断前行。

二、参加高交会成为哈工大创建深圳研究院的契机

举办中国国际高新技术成果交易会（下称高交会）、组建国家级大学科技园、建设深圳大学城是深圳市实现高科技转型的重大战略举措，为哈工大来深圳发展、组建深圳国际技术创新研究院、践行"政企学研"相结合的办学理念提供了难得的机遇，也为哈工大在深圳展示办学实力、实现科技成果转化提供了广阔舞台。

1999年10月，在深圳举办首届高交会，哈工大派出代表团，成员包括校领导李生、杨士勤、强金龙、强文义、王祖温，以及校办主任辛玖林、科研处长张华、科研处副处长郭斌、校长秘书李志杰等，携带高新技术成果参加首届高交会。

10月3日，李长春书记来深圳参加高交会开幕式，并于当晚在广东省委副书记兼深圳市委书记张高丽、市委秘书长李意珍的陪同下，在麒麟山庄接见了哈工大代表团。

李长春书记、张高丽书记听取了哈工大代表团对学校近况的简要汇报，特别是听到哈工大成为全国首批"985"重点建设的9所重点高校之一后，李长春书记高兴地说，哈工大是应该进入重点建设高校之列的。1954年，哈工大就被教育部确定为全国6所重点大学之一，是京外唯一的一所重点大学，是紧随着清华大学之后的重点理工科大学。在20世纪50年代，哈工大是国家确定的学习苏联社会主义教育制度的重点理工科高等学校，具有优秀的思想政治教育传统和"规格严格，功夫到家"的校训精神，培养出了很多优秀学子，取得了很多高新技术成果。这次哈工大代表团来参加高交会，很好。

当哈工大代表团向广东省委领导汇报哈工大在深圳高新区进行科技合作的情况，表示拟进入深圳高新园区的意愿时，李长春书记当即表示全力支持。张高丽书记也明确表态欢迎哈工大加入到深圳高新园区。

在李长春书记和张高丽书记协商取得共识后，深圳市决定由深圳市人民政府副秘书长刘应力和哈工大代表团一起落实此事，即与北京大学、清华大学按同样的土地和资金条件进入深圳高新园区。

当晚，在哈工大校友、海王集团股份有限公司董事长张思民处，由杨士勤、强金龙、强文义、张华，以及张思民、许扬等校友与刘应力进行了深入研究。最后，大家议定哈工大深圳研究院取名为深圳国际技术创新研究院，旨在突出哈工大与国际知名院校的联系，特别是与俄罗斯高等院校、科研院所的密切联系，以突出国际合作和引进俄罗斯先进技术，亦符合深圳市在发展进程中希望加强与俄罗斯联系和协作的宗旨。

经过紧张的筹备，2000年1月，深圳市和哈工大共建深圳国际技术创新研究院（下称"研究院"）协议签订仪式隆重召开。

几年后，在张华等同志的辛勤耕耘下，研究院获得了飞速发展，在高新科技开发和成果转化、高新企业的创立和人才培养等诸多方面取得丰硕的成果，在深圳等珠江三角洲地区树立了哈工大的良好形象，亦使许多海内外学人和优秀人才凝聚到哈工大这个集体中来。

研究院设有促进高新技术成果转化的产业发展部、依托重点实验室及国内外科研力量探索科技与经济结合的工程研发中心和人才培养的教育培训部，为哈工大在深圳探索"产学研"相结合的教育改革跨出了可喜的一步，为哈工大在深圳建立科技创新基地、创办深圳研究生院、培养高质量人才迈出了十分重要的一步。

第二节 落地深圳

一、深圳创建大学城带来办学机遇

2000年初，深圳市政府提出创建深圳大学城的总体设想：为实现深圳市高等教育跨越式发展，加速高层次人才培养，增强科技创新能力和经济发展后劲，准备从2000年到2005年首批重点引进3~4所国内名校，采取以政府投入为主的办学模式入驻深圳大学城。

10月，深圳大学城规划建设领导小组办公会议讨论通过了《创建深圳大学城总体方案》，其中提出深圳大学城"引进的学科必须是我市经济社会发展迫切需要，与深圳支柱产业发展方向和《深圳市重点发展学科专业目录》相一致"。根据该《目录》，深圳市近期拟重点发展的13个专业中，电子信息工程、通信工程、计算机科学与技术、电子科学与技术、材料化学、无机非金属材料工程、高分子材料与工程、半导体与纳米材料等8个专业均属于哈工大在全国高校中排名前列的优势专业。

哈工大在深圳的同志获悉这些信息后，开始讨论哈工大进入深圳大学城的可能性。但是当时，深圳市政府已决定在西丽湖片区规划深圳大学城，为清华大学和北京大学这2所学校建立研究生院规划4平方千米土地，投资20亿元；同时亦做出决定，不再扩大其他学校的办学点。

二、市校商讨合作办学事宜

2000年10月12日，第二届高交会在深圳隆重开幕，国务院副总理吴邦国致辞，广东省委书记李长春等领导出席。

哈工大派出代表团（成员包括杨士勤、强金龙、强文义、王祖温、欧进萍）参加本届高交会，并有幸被邀请参加广东省委、省政府，深圳市委、市政府举行的欢迎酒会。在酒会上，李长春书记看到母校的同志，高兴地招呼正在摄影的记者说："为我们照一张！"

10月14日中午，李长春书记和深圳市长于幼军、市委秘书长李意珍在陪同吴邦国副总理参观完华为技术有限公司、中兴通讯股份有限公司后，一起回到麒麟山庄。李长春书记、李意珍秘书长接见了哈工大代表团成员。

在亲切的交谈中，李长春书记非常关心母校的建设和发展，他对在座的哈工大同志说，他到广东以后，深深感到广东经济发达，高等教育发展相对落后。深圳是经济特区，经济发展非常快，这是可喜的。但是，深圳高等教育基础薄弱，只有深圳大学等少数几个学校，未来经济持续发展就会缺乏后劲。最近，深圳市打算筹建深圳大学城，这很好。对哈工大来说，这应该是个好消息。哈工大是新中国成立后学习苏联先进教育制度的重点理工科大学，具有雄厚的师资队伍、"规格严格，功夫到家"的校训精神和优良的办学传统，但是由于学校地处严寒的哈尔滨，一定程度上影响了更多南方的优秀学生报考哈工大，也影响优秀的南方籍教师的稳定。哈工大如能在南方异地办学，吸引更多好的生源，合理配置师资力量，相信学校一定能培养出更多优秀学生来，对哈工大的发展意义重大。他建议，哈工大应该积极地参与深圳大学城的创建。

接着，强文义副校长向李长春书记汇报了深圳市政府准备创建深圳大学城，哈工大有条件参加，但是深圳市政府已基本明确清华和北大两所学校参加，不再扩大规模。

李长春书记听后，就由李意珍秘书长请来于幼军市长商议深圳大学城的筹建事宜。于幼军汇报了创建深圳大学城的总体设想，并表示包括南开大学、厦门大学、北京师范大学等在内的全国知名高校都希望入驻深圳大学城，竞争很激烈。深圳市计划引进3至4所高校入驻深圳大学城，初步确定清华大学、北京大学作为第一批入驻高校，其他高校还在研究中。

李长春书记指出了哈工大办学优势、特色和成绩，并明确表示，深圳市原准备第一批重点引进3至4所国内外名校，目前深圳大学城只引进清华大学、北京大学这2所高校，是否数量少了点，建议应该从我国C9重点高校中增加一两所。

于幼军市长表示，回去再研究商量。

根据李长春书记和于幼军市长达成的共识，在座的哈工大同志认为，哈工大能到深圳这个全国经济最发达的城市之一办学、践行"政企学研"相结合的办学体制机制创新，对促进哈工大的发展和建设世界一流水平大学确实是一个不可错过的好机会。于是，立即将李长春书记鼓励与支持哈工大参加创建深圳大学城的建议向杨士勤校长汇报，杨校长表示回校后要尽快研究落实。

代表团从深圳回到哈尔滨后，哈工大积极研究争取参加深圳大学城的创建工作。11月3日，在杨士勤校长的主持下，召开了关于创建深圳研究生院的专门会议。

会上，强文义副校长汇报创建深圳大学城的情况和李长春书记的建议。与会人员就哈工大是否进入深圳大学城进行了充分的讨论，会议最后决定：

（一）应借助李长春书记的支持，充分利用深圳创建大学城的有利时机，积极争取以政府投入为主的办学模式入驻深圳大学城，创建哈工大深圳研究生院。

（二）由研究生院张敏处长和海王集团股份有限公司副总裁王彬（调回哈工大），组成哈工大深圳研究生院筹建组，在周玉副校长直接领导和哈工大副校长强文义参谋下，开展工作。

11月21日上午，筹建组提出《筹建哈尔滨工业大学深圳学院计划书》的初稿，经由杨士勤校长主持，校领导参加会议提出修改意见，张敏执笔修改，最后由杨士勤校长、周玉副校长、研究生院常务副院长丁雪梅定稿后，用特快专递送给王彬。

12月6日，王彬将《筹建哈尔滨工业大学深圳学院计划书》上报给于幼军市长。

在众多高校希望入驻深圳大学城的激烈竞争中，哈工大抓住难得的历史机遇,继清华大学、北京大学后,成为入驻深圳大学城的3所高校之一,开始朝着一校三区的战略目标不断前进。

三、正式签订市校合作办学协议

2001年1月9日,杨士勤校长、周玉副校长,校长助理兼深圳国际技术创新研究院院长张华,王彬、张敏、李志杰等一行赴深圳市政府,和于幼军市长、庄心一副市长、江潭瑜副秘书长、教育局杨柏生局长等商谈哈工大入驻深圳大学城相关事宜。

会议开始,深圳市领导表示欢迎哈工大以市校联合投入为主的办学模式入驻深圳大学城。在杨士勤校长介绍了哈工大的办学成果、高校排名以及与深圳市经济科技合作的优势后,经过1个多小时的协商,在于幼军市长的倡导下,终于同意哈工大参照清华大学、北京大学的办学模式入驻深圳大学城。深圳市最后确定的深圳大学城,由清华大学、北京大学各占一半,改为田字形,即清华大学、北京大学、哈工大各占1/4土地,另外1/4土地为3所学校公共的体育活动区域。

1月10日,周玉副校长、王彬和张敏与江潭瑜副秘书长、杨柏生局长等大学城筹备办同志就市校合作办学的协议书达成共识。

1月19日,市长办公会议通过市校合作办学的协议书,并预定春节后签署协议。

3月5日,哈工大向国防科工委人教司呈送了一份《哈尔滨工业大学关于深圳市政府联合在深圳大学城创办哈工大深圳学院的请示》报告。

5月15日,深圳市政府、哈工大合作创办哈工大深圳校区协议签字仪式在深圳五洲宾馆会议室隆重举行。

于幼军市长、李德成副市长、庄心一副市长、江潭瑜副秘书长、教育局杨柏生局长、科技局李连和局长等深圳市领导,杨士勤校长、周玉副校长、党委原副书记强金龙、原副校长强文义、校长助理张华、研究生院常务副院长丁雪梅、研究生院处长张敏、校办副主任李志杰、深圳研究生院筹备组副组长王彬等哈工大领导出席签字仪式。李德成副市长和周玉副校长分别代表市校双方在协议上签了字。

《深圳市人民政府　哈尔滨工业大学合作创办哈尔滨工业大学深圳校区协议书》指出：

> 为实现深圳高等教育跨越式发展，增强科技创新能力和发展后劲，为哈尔滨工业大学提供产、学、研结合的办学基地，探索21世纪我国高等教育发展的新路子，深圳市人民政府（以下简称"甲方"）与哈尔滨工业大学（以下简称"乙方"）经过磋商，按照互补、互利、互惠的原则，合作创办哈尔滨工业大学深圳校区。
>
> 深圳校区采取以政府投入为主的模式由甲乙双方合作创办，是哈尔滨工业大学在国内唯一以研究生培养为主的异地办学的直属校区，是哈尔滨工业大学创建世界一流大学的组成部分。深圳校区的总体目标是以"高起点、有特色、创品牌、出精品、国际化"为原则，结合时代前沿学科研究和深圳市经济发展与科技进步的研究课题，开展理工类研究生层次为主的创新人才培养，建成一所集人才培养和研发于一体的高层次、开放式、研究型校区。
>
> 深圳校区办学规模到2005年要达到在校生数3 000人左右，其中全日制在校生和研究生均达到70%；要根据条件和需要，建立博士后流动站，吸引国内外优秀博士后进站工作。学科设置要考虑深圳产业发展方向和大学城学科布局，主要包括信息工程、材料科学与工程、环境科学与工程、航天工程、机械与电气工程、建筑与土木工程、生物工程、电子科学与技术等。

按照《协议书》规定，深圳研究生院需待国家有关部门批准后，才能对外正式宣布成立和挂牌。同时，哈工大与已经挂牌正式成立的清华大学深圳研究生院、北京大学深圳研究生院共同参加2001年10月第三届深圳高交会期间举行的深圳大学城奠基典礼。

但是，就在哈工大与深圳市政府签订《协议书》的下午，收到国防科工委由于担心深圳研究生院今后的经费问题，以及分散精力等原因不同意哈工

市校合作办学协议签字仪式

大在深圳办研究生院的批复。为此,哈工大主要领导偕同筹备组的同志在深圳大学城规划地南山区西丽湖片区为哈工大深圳研究生院选址的同时,多次赴国防科工委汇报深圳研究生院创办情况,争取早日获得复议批准。

直到8月,由哈工大老领导强金龙、强文义向李长春书记汇报相关情况。李长春书记得知后立即与时任国防科工委主任刘积斌同志电话沟通,主要阐述了两点,一是此举对深圳经济特区发展意义重大,二是哈工大之所以要在广东建立校区,是因为此举对哈工大发展意义重大以及条件优惠、机遇难得等情况。刘积斌主任听后表示,李长春书记点明了哈工大建设深圳研究生院对于市校双方的重要意义。根据李长春书记的意见,国防科工委再重新进行研究。

通话后,李长春书记与强金龙书记通电话,说明这一情况,要求学校领导再赴国防科工委进行详细汇报。

经过这次详细的汇报,《协议书》获国防科工委的同意,报送到教育部。按照报批程序,教育部在10月前已来不及正式批文,为使哈工大能按时参加深圳大学城的奠基典礼，经教育部同意，按先口头后下文的程序，批准在深圳大学城设立哈工大深圳研究生院。李长春书记在关键时刻，为深圳研究生院的成立铺平了道路。

四、深圳大学城哈工大校区开工建设

2001年10月12日下午，在深圳市南山区西丽湖畔的工地上，彩旗飘扬，气球飞舞，深圳大学城奠基典礼隆重举行。

广东省、深圳市和国家有关部门领导在参加完第三届高交会后，紧接着赶来参加奠基典礼。奠基典礼由庄心一副市长主持，于幼军市长、李鸿忠副省长、教育部副部长张保庆，以及清华大学党委书记贺美英、北京大学校长许智宏和哈工大校长杨士勤分别在大会上发言。

国家计委副主任张国宝、科技部副部长邓楠、教育部副部长张保庆、中国科学院副院长杨柏龄，以及广东省、深圳市，清华大学、北京大学的领导，哈工大副校长周玉，原党委副书记强金龙、原副校长强文义，哈工大校友、中国运载火箭技术研究院院长许达哲等在主席台就座。

张保庆副部长在讲话中正式宣布批准成立哈工大深圳研究生院。

4点50分，广东省委副书记、深圳市委书记张高丽宣布"深圳大学城隆重奠基"后，出席典礼的主要领导挥锹为深圳大学城奠基石培土。

随后，好几台大型挖掘机同时启动，揭开了深圳大学城建设的序幕。哈工大深圳研究生院和清华大学深圳研究生院、北京大学深圳研究生院同时开工建设。

五、终获教育部办学批文

2001年11月，国防科工委批准了成立哈工大深圳研究生院的请示。

2002年2月7日，教育部正式通知国防科工委和哈工大，同意设立哈尔滨工业大学深圳研究生院。在通知中，教育部规定："设立哈尔滨工业大学深圳研究生院，目的在于充分发挥哈尔滨工业大学的学科优势和深圳的区域优势，面向国防科技工业、深圳区域经济和社会发展特别是高新技术产业发

展的需要,培养高层次人才,探索和发展新型的高校与政府、科研单位、企业在人才培养和科技创新方面的合作机制。哈尔滨工业大学深圳研究生院隶属哈尔滨工业大学,是哈尔滨工业大学设在深圳的、以培养研究生为主要任务的教育机构。哈尔滨工业大学应在深圳市人民政府的大力支持下,对哈尔滨工业大学深圳研究生院办学的经费筹措、硬件条件、教学质量与师资保障等进行统筹规划和管理。哈尔滨工业大学深圳研究生院的招生计划应纳入哈尔滨工业大学本部研究生招生计划,在研究生招生和培养方面应与校本部的学生同样要求,以确保与校本部培养的学生具有相同的水平和质量。"

至此,哈工大深圳研究生院的办学终于"名正言顺",逐渐开始走向正轨。

同时,哈工大于2002年3月成立了南方工作委员会,旨在统筹哈工大南方事务,包括国际技术创新研究院的发展事务和深圳研究生院的办学事务等。南方工作委员会的主任由哈工大原校长杨士勤担任,副主任由吴林、强文义、刘家琦、强金龙、何钟怡等哈工大老领导担任,其中刘家琦分管深圳研究生院,直接参与到办学事务中。

深圳研究生院的创办是落实时任广东省委书记李长春指示,抓住重要机遇、克服哈工大地域局限迈出的具有重要战略意义的一步。回顾哈工大深圳研究生院的初创历程:

首先,我们要致敬和感谢李长春书记的鼎力相助,没有他的远见卓识和帮助,哈工大深圳研究生院是不可能办成的。

其次,我们要致敬和感谢深圳市委、市政府领导对哈工大的信任和厚爱,正是他们的高瞻远瞩为深圳市教育事业的发展辟出了一片蓝天,亦为哈工大深圳研究生院茁壮成长创造了良好的条件。

再次,我们要致敬和感谢杨士勤校长、强金龙副书记、强文义副校长等哈工大老领导,正是他们的高屋建瓴,以咬定青山不放松的坚韧,以永不妥协的坚持,才最终铸就了哈工大"一校三区"的办学格局,奠定了哈工大未来几十年在深圳办学的根基。

同时,我们要致敬和感谢许扬、张思民、李百泉等一批热情校友,以及深圳国际技术创新研究院院长张华、培训部主任刘彤敏,正是他们的一腔热忧，为母校在深圳事业的发展想尽一切办法、给予全力支持。

最后，我们要致敬和感谢在时任副校长周玉直接领导和哈工大原副校长强文义参谋下，以张敏、王彬为核心的筹备领导小组。他们坚忍不拔、吃苦耐劳，经受了各种困难和创业的艰辛，信心百倍、永不退却，为哈工大深圳研究生院的创建和发展打下了坚实的基础。

第三节 没有校园的大学

一、配齐领导班子

2001年12月3日,哈工大深圳研究生院的领导班子正式建立。哈工大校长助理赵万生被任命为哈工大深圳研究生院院长,哈工大校友、海王集团股份有限公司副总裁兼人力资源总监王彬,哈工大研究生院管理处处长张敏被任命为副院长。

2002年10月底,为了加强市校办学优势,争取深圳市更多的政策支持和资源配套,加快深圳研究生院建设发展的步伐,哈工大委派时任哈工大党委副书记、副校长孙和义到深圳研究生院主持工作。12月,为加强深圳研究生院领导班子建设,经哈工大党委批准,任命金广君、安实为深圳研究生院副院长。

二、创新开展"两段式"人才培养

深圳大学城奠基典礼刚刚过去一月有余,校园基建工程、组建职员团队、租住办公用房、招收优质生源、招聘师资等办学问题都摆在哈工大深圳研究生院领导班子的面前。

时间紧,任务重。领导班子成员在紧张地投入到校园基建工程的同时,从哈工大校本部、深圳市选聘了部分职员,租用了南山区南油大道荟芳园小区B座33F房,作为学院办公用房和工作人员的住房,正式开始了学院的办学工作。

深圳研究生院2001级招收了124名硕士研究生和30名博士研究生,成为首届研究生。这些学生分布在计算机科学与技术系、控制科学与工程系、电子与通信工程系、电气工程系、测控技术与仪器系、机械工程及自动化系、电子科学与技术系、环境科学与工程系。硕士研究生第一年的基础课学习由哈工大研究生院负责教学组织安排，在校本部完成；第二年来深圳研究生院开展课题研究，而博士研究生的培养暂时全部安排在校本部。

这也为哈工大深圳研究生院早期"两段式"人才培养正式拉开了序幕。

2002年2月，在教育部正式下文后，哈工大深圳研究生院租借了南山区四海小区2栋住宅楼、槟榔园小区3栋住宅楼，作为即将到来的首届硕士研究生和教师的住宿之用。

转眼到了五一后，5月7日，哈工大党委书记李生、刚刚上任的校长王树国，与强金龙、刘家琦等老领导来到了深圳，听取了赵万生院长关于深圳研究生院的工作汇报。9日上午，哈工大党委书记李生、校长王树国向于幼军市长做了汇报，明确了深圳研究生院办学的大政方针。

6月7日，恰逢哈工大82周年校庆之际，哈工大深圳研究生院也迎来了它的首届硕士研究生。在校本部完成了一年基础课学习的119名学生（5名学生因专业原因留在校本部代培）在俞晓国老师的带领下，乘坐火车从我国北方的省会城市哈尔滨，来到了我国南方改革开放的前沿窗口城市深圳。他们将在这里开展硕士研究生的课题研究工作。

抵达深圳后，所有学生都顺利入住了位于槟榔园小区的学生宿舍。后期，随

深圳研究生院首届学生在已动工的深圳大学城建设工地合影

着研究课题的开展,部分学生选择租住在离企业较近的地方。

6月9日,深圳研究生院2001级硕士生开学仪式在创新研究院的大会议室举行,由深圳研究生院副院长张敏主持,杨士勤、强文义、刘家琦、张华、王彬等先后都做了发言。

三、高瞻远瞩规划学科设置

彼时,虽然哈工大已经建立了威海校区,拥有一定的异地办学经验,但是深圳研究生院到底应该如何建,如何真正充分发挥哈工大的品牌优势、办学资源优势和深圳市的区位优势、创新优势,吸引优秀师资、培养一流人才,为哈工大办学发展提供增量,为区域经济发展贡献力量,是摆在深圳研究生院面前的一个重要问题。

下一步怎么走,哈工大领导非常重视,而当务之急,无疑就是学科发展规划。

2002年6月28日至29日,深圳研究生院战略发展与学科建设研讨会在深圳国际技术创新研究院C座4楼(在入驻深圳大学城之前,学院的办公场所)召开。

黄文虎、沈世钊、马祖光、雷廷权、付恒志、秦裕琨、杜善义、蔡鹤皋、张乃通、张杰、谢礼立、梁维燕等中国工程院院士、中国科学院院士,李生、王树国、周玉、欧进萍、吴林、杨士勤、强文义、刘家琦、强金龙、何钟怡等哈工大新老领导,以及深圳市副市长王顺生、副秘书长刘学强等深圳市领导参加了会议。

赵万生院长主持会议,并做《哈工大深圳研究生院学科规划》报告。

与会人员从国际前沿学科的建设、密切联系深圳经济发展急需的高新技术和建设世界一流大学的高起点,对深圳研究生院的发展战略和学科建设提出了意见和建议,纷纷认为深圳研究生院建设的学科应该是以下3种类型:(1)深圳市根据产业发展特点所规划的重点发展学科;(2)通过同国内外大学、企业联合,可以谋求自身发展的学科;(3)对哈工大发展战略非常重要,建设经费、运行经费可以落实的一些新兴学科、交叉学科。

会议最终形成了正式上报哈工大、深圳市的深圳研究生院学科设置报告,最终确定的学科设置原则是:将哈工大的强势学科与深圳市经济、科技、文化

深圳研究生院发展战略与学科建设研讨会

及社会发展急需的学科相结合，优先考虑对未来科技发展有重大意义的新兴学科和交叉学科。在这个原则之上，确立深圳研究生院首批设置以下5个学科群：信息科学与技术、环境科学与技术、机械与电子工程、材料科学与工程、建筑与土木工程。

四、哈工大深圳研究生院正式挂牌

2002年6月30日，哈尔滨工业大学深圳研究生院挂牌仪式暨深圳国际技术创新研究院研发大楼落成庆典在深圳国际技术创新研究院大厅隆重举行。

黄文虎、沈世钊、马祖光、雷廷权、付恒志、秦裕琨、杜善义、蔡鹤皋、张乃通、张杰、谢礼立、梁维燕等中国工程院院士、中国科学院院士，李生、王树国、周玉、欧进萍、吴林、杨士勤、强文义、刘家琦、强金龙、何钟怡等哈工大新老领导，以及深圳市市长于幼军、副秘书长刘应力和刘学强，国防科工委副主任陈求发、人教司司长屠森林、中国航天科技集团公司副总经理马兴瑞、国防科工委教育处处长王嘉才等领导出席典礼。

深圳研究生院挂牌仪式

2001级学生合影留念

五、独辟蹊径的三种培养模式

深圳大学城校园的建设周期为2001年10月至2003年8月。这段时期，深圳研究生院主要借用深圳国际技术创新研究院的办公楼作为办学场所，不仅没有教室和实验室，教师队伍建设也才刚刚起步，显然无法照搬国内同类院校"上课+实验"的学生培养方式。

为此，深圳研究生院独辟蹊径、大胆创新，在传统的实验室培养模式的基础上，开拓了校企联合培养和国际联合培养这两种学生培养模式，这也为后来几年深圳研究生院的学生培养模式奠定了基础。

校企联合培养模式的特点是：根据企业的新产品、新技术的开发项目，确定学生论文的选题。深圳研究生院与企业分别指定学生的学院导师和企业副导师，负责共同指导学生。学生的培养规格与标准仍然按照哈工大统一的要求进行，同时侧重学生创新性研发能力和实际工程能力的培养。

为此，深圳研究生院向深圳市及珠三角的高新技术企事业单位发放了"课题研究硕士生需求申报表"，收到企业反馈后，按学科将首届硕士研究生中的100余名安排到近20家企业进行校企联合培养，这其中包括了中兴通讯股份有限公司、茁壮网络、和尔泰、航天科技创新研究院、深大电话、华强电子、艾默生、固高科技、任子行网络技术股份有限公司、深圳市科拓达电子有限公司、深圳市先科电子股份有限公司、深圳市比奥科技有限公司、深圳市先科电子股份有限公司等国内知名企业和校友企业。

校企联合培养模式在实行初期带有探索的性质，也是深圳研究生院突破办学条件不足这一困境的重要创造性举措，在实践中却因符合珠三角地区经济社会发展的需求而被逐渐发扬光大。

这种模式，一方面，学生在求学期间即可深入了解企业的研发需求和研发过程，所选课题还可帮助企业解决实际问题，毕业时可实现"软着陆"，一经就业即可迅速融入企业文化；另一方面，企业也可通过这种模式参与人才培养过程，在这一过程中完成低成本、高效率的员工甄选工作。

这种模式逐渐成为哈工大深圳研究生院后来多年的办学特色。首届硕士研究生中，90%的学生选择了校企联合培养模式，其中留深就业率高达80%，形成了学院、学生、企业和社会四方共赢的局面。

同时，深圳研究生院还采用了联合培养模式进行人才培养工作：一方面，凭借毗邻香港的优势，深圳研究生院充分开拓与香港知名高校联合培养学生的渠道和资源；另一方面，11月5日，深圳研究生院与英国伦敦大学玛丽女王学院正式签订了联合培养研究生的合作协议。这是学院签订的首个与境外大学的联合协议。2002年，校本部以及深圳研究生院2002级的16名硕士研究生前往英国伦敦大学玛丽女王学院攻读硕士学位。

六、同心协力，平稳度过非典时期

2002年11月，广东报道了首例非典型肺炎（又称严重急性呼吸综合征），随后在佛山、河源、中山、广州、深圳等地，先后确诊了人数不等的非典型肺炎病人。这次疫情的爆发既是对初创时期的深圳研究生院师生的一次巨大的考验，也将全体师生紧紧凝聚在一起。

当时，随着疫情的集中爆发，学生中难免滋生紧张和焦虑的情绪，有些学生还在紫丁香论坛发帖，表示因广东疫情严重，想回到校本部继续学业。紧张和焦虑的情绪不断弥漫和扩散，为了稳定学生情绪，又不违反非典时期的集会规定，深圳研究生院领导赵万生、张敏商量决定把学生聚集在蛇口体育中心开露天会议。好多学生还在企业实习，学院的老师就开车挨个接来。

在蛇口体育中心，天还下着细雨，赵万生院长拿着扩音器扯着嗓子在雨里讲话。因为没有椅子，师生们都站在一起。赵万生院长介绍了国内非典疫情发展的局势和一些防治办法，希望同学们科学预防，不要恐慌。夹杂着风雨声的喊话最终在学生的心里发挥了极大的鼓舞和稳定的作用，站在队伍里的学生慢慢从不安转变为平静。

尤其当赵万生院长沙哑着喉咙喊道"无论发生什么，不要害怕！一定要记得老师们始终会和大家在一起"时，同学们终于放下不安和戒备，信任逐渐扎根心底，他们毅然选择与深圳研究生院共同面对这次困难和挑战。

在非典疫情集中爆发的时期，有两名从北京实习回来的学生直接被隔离去了小房间，其中一名学生还发烧了。怎么处理？副院长张敏当机立断，毫不犹豫，亲自开车接了发烧的学生并送他到非典防治中心。但是因为与学生有了接触，张敏就成了"危险人物"，不能再与他人接触。他没法回家也没法回学校，晚上6点开车到了大南山，登上山顶等检查结果。直到晚上9点，非典防治中心打来电话说那名学生排除了非典的可能性，张敏长出了一口气，高兴地下山去接那名学生。而学生再见到张敏时，还没来得及说话便掉下了眼泪。

  危也，机也。非典疫情是对深圳研究生院能否继续办学的一次重大考验。但是也正是这次考验，验证了深圳研究生院师生——这批年轻的哈工大人扎根深圳，实现在深圳办学梦想的决心和信心，勇气和能力。他们患难与共，用"生命"结下了终生难忘的师生情谊，也带着彼此的温暖和力量紧紧凝聚在一起，共同成长和壮大。

第四节 办学逐步迈入正轨

2001至2003年是深圳研究生院的初创奠基阶段，也是深圳研究生院的办学逐步迈入正轨的阶段。

在这个阶段，深圳研究生院全体师生员工同心同德、艰苦奋斗、筚路蓝缕，克服了办学初期的各种困难、挑战和考验，逐步形成了全新的办学理念、办学模式和运行机制，取得了颇具显示度的办学成果，拥有了属于自己的美丽校园和粗具规模的师资队伍，招收了一定数量的研究生，探索建立了日益完整的管理体系和管理队伍，满怀信心地逐步迈入正规化办学道路。

一、第一届理事会正式成立

2003年8月1日，深圳研究生院第一届理事会第一次会议在深圳市政府

深圳研究生院第一届理事会第一次会议

常务会议室召开。会议通过了研究生院理事会成员名单，审议并原则通过了《哈尔滨工业大学深圳研究生院理事会章程》（以下简称《章程》），讨论并研究了研究生院在办学中遇到的有关问题，形成了会议纪要。

根据《章程》，为协调和解决深圳市人民政府与哈尔滨工业大学在研究生院办学中的一些重大问题，成立哈尔滨工业大学深圳研究生院理事会。理事会依据《中华人民共和国教育法》等国家有关教育法规和本章程规定，对哈尔滨工业大学深圳研究生院的建设和发展起决策指导、监督协调、咨询审议作用。理事会根据深圳市经济社会发展的实际需求和哈尔滨工业大学创建世界高水平知名大学的要求，对研究生院的发展规划和办学方向等提出指导性意见。

理事会会长为时任深圳市市长李鸿忠，副理事长为时任哈工大校长王树国、时任深圳市副市长梁道行，秘书长为深圳研究生院院长赵万生（兼任），理事为孙和义、周玉、杨士勤、强文义、刘家琦、赵万生、丁雪梅、余伟良、江潭瑜、刘佳胜、及聚声、李连和、张宝泉、林王霖等深圳市、哈工大领导。

根据《章程》，哈工大深圳研究生院的办学定位和发展目标为"研究型、开放式、国际化的创新人才培养和前沿应用科学研究的重要基地，以增强深圳的科技创新和可持续发展能力，为深圳未来经济、科技、文化及社会发展提供人才支撑，为探索21世纪我国高等教育发展的新路子，为哈尔滨工业大学创建世界高水平知名大学服务"。

这段时期，深圳研究生院确定了全员聘用的用人机制，制定了教师聘任与考核管理制度，调整了管理机构设置，组建了学院办公室、学生培养处、科技发展处、资源管理处、财务办公室、国际合作办公室等管理机构。

深圳研究生院的管理机构设置采取扁平化原则，各学科群的研究中心与研究所主要负责学术事务。管理机构直接对全院师生提供高效的服务，行政人员一专多能。一般性行政事务岗位采用人才派遣方式或者人才代理方式聘用，尽量压缩不必要的行政人员编制。

2002年5月，深圳市机构编制委员会发文为深圳研究生院核定事业编制

20名。按照市校合作办学协议，深圳研究生院发展到2005年的办学规模为在校生3 000人，教师300人。行政人员预计为30人。

这一阶段，深圳研究生院建章立制，逐步建立健全了各项规章制度，便于学院工作有序进行、办事有章可循。

二、正式入驻深圳大学城

2003年9月初，深圳大学城哈工大校区主体建筑全部竣工，深圳研究生院正式入驻落成于风景秀美的西丽湖畔的深圳大学城。深圳研究生院2001级、2002级学生及全体教职员工搬入校园。9月16日，在F楼国际会议中心报告厅举行了2002级研究生开学典礼；10月12日，举行了校园启用仪式。

在深圳大学城中，深圳研究生院的校园占地约16.28万平方米，共有建筑9栋，其中宿舍楼3栋；总建筑面积7.375 8万平方米，其中办公、会议中心、教学及科研用房5.17万平方米，学生公寓和食堂等辅助设施2.2万平方米，并包括田径场、篮球场、足球场等体育设施。深圳研究生院与深圳大学城各院校共享图书馆、国际会议中心、多媒体网络中心、室内体育馆、社区医院等公共设施。

后勤管理方面，深圳大学城实行社会化管理。2003年4月11日，深圳大学城建设办公室联合哈工大深圳研究生院、清华大学深圳研究生院、北京

刚刚落成的深圳研究生院校园（一）

第一章　初创奠基：谋发展（2001—2003）　27

刚刚落成的深圳研究生院校园（二）

2001级学生即将入驻深圳大学城校园

大学深圳研究生院注册成立深圳大学城后勤实业开发有限公司，负责这3所学校的食堂、宿舍、卫生、治安以及3校共用的文体设施的管理。深圳大学城图书馆临时设在北京大学深圳研究生院行政楼1楼。

三、首届硕士研究生顺利毕业

自 2001 年招收了 124 名硕士研究生、30 名博士研究生以后,深圳研究生院于 2002 年招收了全日制硕士研究生 158 人、博士研究生 70 人,非全日制工程硕士研究生 24 人;2003 年,深圳研究生院招收了全日制硕士研究生 237 人、博士研究生 70 人,非全日制工程硕士研究生 83 人。

这一阶段,学生培养方面,深圳研究生院在运用实验室培养模式和境内外联合培养模式的同时,着力探索校企联合培养模式,走出了一条独辟蹊径、大胆创新的人才培养道路,获得了社会各界的广泛赞誉。

在学位论文方面,深圳研究生院严格按照哈工大的人才培养规格和标准,强化学生学位论文的过程管理,强化指导教师的作用,要求学院教师加强与企业副导师的合作,共同加强对学生撰写学位论文中后期的指导。深圳研究生院高度重视学位论文开题、中期检查、预答辩和答辩这四个重要环节,采取多种有效措施,严把论文质量关,确保哈工大的办学传统和优良学风在深圳研究生院发扬光大。

2003 年,为更好地按照哈工大规格和标准,把好 2001 级硕士研究生的论文答辩最后一道关,深圳研究生院邀请了中国工程院院士、哈工大原校领导、国家"长江学者"入选者等一批校本部知名教师组成答辩委员会,参加论文答辩。深圳研究生院硕士研究生的论文内容、实践能力,以及对课题相关领域知识掌握的深度与广度,获得了答辩委员会的高度评价,均顺利通过了论文答辩并获得了硕士学位。

这不仅标志着深圳研究生院独辟蹊径、大胆创新的校企联合培养模式获得了初步的成功,也是深圳研究生院这一阶段重要的办学成果。

在学生工作方面,深圳研究生院组建了学生党支部和 2002 级学生会分会,针对学生来院初期、非典时期的思想波动,积极想办法通过各种方式解决学生提出的问题、稳定他们的思想情绪,激发他们身为"哈工大人"的责任感和主人翁意识。

深圳研究生院 2001 级硕士研究生从在哈尔滨入学到在深圳毕业,经历了学院初创奠基的艰苦奋斗时期,克服了校园建设尚未完成、学科建设陆续启动、师资队伍逐步建设等困难。作为年轻的哈工大人,他们满怀对学校的深厚情谊,对学院的理解包容、满腔热忱,毅然选择与学院共同成长。

尤其是2002年底,深圳爆发"非典"疫情,2001级学生作为深圳研究生院唯一年级学生,遵章守纪、顾全大局,与学院共渡难关。基于他们对深圳研究生院的发展和建设做出的重要贡献,在学院入驻深圳大学城后,院领导共同决定,在学生宿舍J栋楼前放置"硕果石",上刻2001级学生的名字,以做表彰。

2003年12月,2001级硕士研究生共计119人

硕果石

深圳研究生院首届硕士研究生毕业典礼合影

在深圳研究生院毕业（其余5人在校本部毕业），这也是深圳大学城首届毕业生。这批学生的就业率达到100%。80%以上的学生进入深圳高新技术企业，赢得了深圳知名企业的广泛赞誉。深圳研究生院由

深圳研究生院2001级硕士研究生毕业典礼

此开始为深圳经济社会发展输送越来越多的优秀人才。

四、构建以多元化为特色的师资队伍

2001年12月，赵万生被任命为深圳研究生院院长后，带领约10名教职工开始开展学院的创建工作。

2002年，深圳研究生院一方面通过参加招聘会、专家推荐等方式，从以海外华人学者和国内著名大学毕业的博士为主的应聘者中选聘了6名全职教师，这些教师全部具有博士学位，50%以上具有国外留学或1年以上海外工作经历，平均年龄在40岁以下；另一方面，不断建设非全职教师队伍，聘请校本部相关学科专业的院士、教授担任学院的双基地教授，引进境外高校、学术机构的知名专家学者担任学院的特聘教授。

2003年是深圳研究生院师资队伍发展壮大的一年。这一年，深圳研究生院以"做好规划 协调发展"为原则，根据学科发展需要和在校生规模，积极主动通过各种渠道从国内外招聘了一批教师，促进了学院各项工作的全面开展，在学生培养方面发挥了巨大的作用，也为学院的学科建设、实验室建设贡献了巨大的力量。

截至2003年底，深圳研究生院共有教师44人，其中全职28人，包括教授10人、副教授18人，博士化率100%，拥有海外留学经历的占

比72%；非全职教师16人，包括双基地教授和特聘教授，初步形成了以全职教师队伍为主、以双基地教授、特聘教授和访问学者为辅的师资格局。这种多元化的师资结构也成为深圳研究生院发展至今的师资队伍建设特色。

五、首批设置5个学科群

按照市校签订的合作办学协议，深圳研究生院在进行学科建设时充分考虑学科设置与深圳未来的科技、经济、教育、文化和社会发展相适应，注重产学研相结合，突出哈工大学科特色和优势，重点发展新兴学科、交叉学科。

2002年底，在总体规划的基础上，深圳研究生院按照"为我所用，各取所需，允许交叉，避免类同，立足现实，面向未来"的原则，以新思路、新机制、新模式形成学科建设的新格局，首批设置了信息科学与技术、环境科学与工程、机械与电子工程、材料科学与工程、建筑与土木工程这5个学科群；同时，深圳研究生院还结合哈工大的学科优势，设立了先进化学电源、生物信息技术、创业人才与高科技管理这3个独立于学科群以外的研究中心，并于2003年启动了研究生培养基础平台的建设和设备采购工作。

随着师资队伍建设的逐步推进，各研究所、研究中心也开始进入实质性建设过程。在实验室建设方面，根据各学科长远发展和近期规划，制定了实验室面积的分期启用的相关管理办法，实验室的计算机以及办公家具已经采购到位并投入使用，从而保证了教学、科研、行政管理等工作的有序开展。

六、开拓国际合作教育网络

在建院初期，深圳研究生院领导就意识到通过国际合作来整合全球优质教育资源、全面提升办学水平的重要性。

通过与日本、美国和英国等国家知名高校的合作，深圳研究生院以"引进来，走出去"为原则，组织国际论坛，邀请国际知名专家、学者来学院交流，并组织赴日本讲学活动。2003年9月，由深圳研究生院与深圳市科技创业服务中心共同发起，成立了我国首个以创业与科学技术为研究主题的学会"深圳市创业工程研究会"，率先创办"创业工程学"专业，带动国内相关学科发展，为推进深圳营造创业家乐园的氛围和环境做出了贡献。

通过与美国知名高校、企业和学者进行交流合作，深圳研究生院在推动深圳国际软件学院建设方面取得了一定的进展。深圳研究生院与英国华威大学合作的前期准备工作取得了较大进展。根据珠江三角洲国际制造基地的特点，深圳研究生院计划联合成立"国际制造技术研究中心"。

通过赴英国、日本知名高校开展讲学活动，以及接待国际知名高校来访等活动，深圳研究生院与国外一批大学签订了合作办学协议，聘请了国外知名专家学者作为院长顾问，在办学方面提供意见和建议，不断提升深圳研究生院的办学水平。

七、科研工作初显身手

在学科逐步建立、师资有序引进、实验室初步建成的情况下，深圳研究生院师生力排万难，在全力保障教学任务的前提下，科研工作迎来了开门红。

2003年，深圳研究生院科研经费到账近700万元，承担国家自然科学基金项目1项、深圳市科技计划项目2项、深圳市规划与国土资源局项目1项，获得了开门红的好成绩。在科研管理方面，深圳研究生院印发了科研经费、实验室管理等相关规章制度，逐步完善了科研管理机制，为促进科研事业的发展奠定了基础。

同时，深圳研究生院还推荐科研项目参加深圳市高交会，促进科研成果转化，并向深圳市推荐了30余名教师，加入深圳市科技评价专家库，为深圳市的科技规划决策贡献人才智力。

在实验室规划方面，深圳研究生院于2003年12月完成了先进制造与信息化、复合材料与信息材料、计算机网络与信息安全、水污染控制与资源化、城市与土木工程防灾减灾协同5个重点实验室的论证工作，其中前3个按照国家级重点实验室建设。

第二章 筚路蓝缕：打基础
（2004—2007）

2004年7月14日至16日，哈工大党委常委扩大会议在深圳研究生院B栋404会议室召开。与会领导听取了深圳研究生院的工作汇报，在充分肯定深圳研究生院取得成绩的基础上，提出以下原则意见：

一、深圳研究生院的建设是哈工大世界知名高水平大学建设的重要组成部分，要依托地域优势，采取全新的管理体制和运行机制进行建设。当前，要进一步推进全员聘任制改革及扁平化管理模式的探索，加强学术、学位、职务聘任三位一体的教授委员会建设，并及时总结经验，为哈工大的管理体制和人事制度改革做出贡献。

二、要确立完整的人才培养体系，加强学科体系和课程体系建设，确保人才培养的条件和环境，在人才培养质量上创出哈工大品牌。坚持校企合作、国际合作和校内培养这三种培养模式并行，不断总结和完善。要进一步创新校企合作培养模式，探索研究生培养理论与实践相结合的新途径。

三、要加强师资队伍建设，在严格把关、满足人才培养基本需要的基础上，尤其要着眼于学科建设，加大学科带头人的引进力度，力争在2～3年内，建成高水平的教师队伍。要创造条件鼓励和支持教师承担高水平科研任务，出高水平成果，提高培养水平。学科建设要与校本部形成互补，要有新方向，特别要加强理科和管理学科建设。

四、要以"985工程"二期建设为契机，做好三年发展规划，实现深圳研究生院新的跨越，最终建成哈工大的人才、学术高地和政策特区，为哈工大世界知名高水平大学建设做出更大贡献。

五、哈工大支持深圳研究生院独立自主办学，在高标准、严要求的基础上，赋予深圳研究生院与哈工大二级学院同等的办学权力。

此次会议正式确立了深圳研究生院"人才、学术高地和政策特区"的办学要求。

在接下来4年的办学发展中，深圳研究生院根据这一要求，坚持"研究型、开放式、国际化"的创新人才培养和科学研究重要基地的办学定位，形成了"以特色求生存、以创新求发展、以贡献求支持"的办学思路，筚路蓝缕，以启山林，开拓性地走出了一条颇具特色的办学之路，各项工作保持了良好的发展势头，实现了哈工大和深圳市确定的办学目标：人才培养方面，为深圳市、珠三角地区培养了一大批践行"规格严格，功夫到家"校训精神的创新型人才；师资建设方面，吸引了一批海内外知名高校毕业的优秀人才，初步组建了独具特色的师资队伍；科研成果方面，在若干领域取得了一批在国内外有一定影响，对国家、深圳市有相当贡献的高水平科技成果，以丰硕的办学成果迎来了办学发展历程的五周年。

2007年7月6日，深圳研究生院校园内彩旗飘扬，欢歌笑语，宾朋云集。深圳市、哈工大领导与深圳研究生院师生齐聚一堂，隆重举行建院五周年庆祝大会。深圳市副市长闫小培与哈尔滨工业大学校长王树国教授分别代表市、校发表了热情洋溢的讲话。

过去五年，深圳研究生院在校本部和深圳市政府及社会各界朋友的大力支持下，从蹒跚起步到健康发展，各项事业保持了良好的发展势头，实现了深圳市政府和哈工大的预期办学目标，招生规模稳定在了每年硕士生580人，博士生80人，且每年留在深圳就业的毕业生达70%以上；高水平师资队伍建设初见成效，建设了一支独具特色、来自海内外名校的师资队伍；国际化办学稳步发展，办院短短五年已能招收攻读硕士、博士学科的留学生，并培养了深圳有史以来第一位获得学位的留学生；成功实现了英文教学和中英文双语教学的授课方式，使学生能更适应社会对人才的需求；建立了研究生双导师制和导师指导组制度，保证了学生的培养质量；承担了诸多高水平的科研项目，取得了诸多高水平的科研成果。

深圳研究生院建院 5 周年庆典大会现场

深圳研究生院建院 5 周年庆典大会合影

第一节 建章立制：组织机构逐步完善

根据建设"研究型、开放式、国际化"的创新人才培养和科学研究重要基地这一办学定位，深圳研究生院逐步形成了"以特色求生存、以创新求发展、以贡献求支持"的办学思路。

以特色求生存。在学科建设方面，深圳研究生院以前沿性和实用性为理念，着力建设新兴学科和交叉学科，强调学科建设与经济发展的密切结合；在师资建设方面，深圳研究生院以"不求所有，但求所用"为理念，师资队伍由全职教师、双基地教师、特聘教授／访问教授、兼职教授、博士后这五个部分组成；在培养体系方面，深圳研究生院坚持校企合作、国际合作和校内培养这三种培养模式并行；在课程建设方面，深圳研究生院坚持国际化的理念，注重课程体系的创新，50%以上的课程采用英文授课，75%以上的课程采用英文原版教材。

以创新求发展。深圳研究生院采用全员聘用机制，逐步完善了南北校区互动平台、国际学术联盟和校企合作委员会3个办学平台，以科研合作、联合培养、学术交流、学生联谊等多种方式，充分利用毗邻港澳的地域优势，广泛挖掘利用国内外优质办学资源，不断扩大学院的办学影响力。

以贡献求支持。深圳研究生院通过不断提升高质量的科研成果、学术论文和国际化水平，对哈工大建设世界知名高水平大学贡献力量；通过校企合作、创新人才基地建设和科研成果转化，为深圳建设创新型、国际化城市贡献力量。

一、领导机构：深圳研究生院新一届领导班子调整

2004年2月，赵万生辞去深圳研究生院院长职务。

3月，深圳研究生院的领导班子进行了调整。深圳研究生院院长由哈工大校长王树国兼任，常务副院长由金广君担任，副院长由张敏、安实担任。深圳研究生院实行院长负责制，院长职权由常务副院长代行。

4月13日，中国教育工会哈工大委员会正式批复深圳研究生院成立工会的申请。在此文件中，哈工大工会同意深圳研究生院成立工会组织，并同意经全院教职工民主选举产生第一届工会委员会，选举产生王轩为工会主席，管娇玉为工会副主席。深圳研究生院工会主要开展了组织体检、旅游、子女入学、福利发放等各项工作，还相继成立了教职工篮球协会、合唱团、舞蹈协会等各类协会，开展了丰富多彩的各项文体活动。

11月25日，中共哈尔滨工业大学深圳研究生院总支部委员会成立暨第一届代表大会隆重举行。哈工大党委副书记孙和义，哈工大南方工作委员会副主任、深圳研究生院教授委员会主任刘家琦，深圳研究生院常务副院长金广君等出席了大会，深圳研究生院副院长张敏主持会议。

孙和义宣读了《中共哈尔滨工业大学委员会关于成立中共哈尔滨工业大学深圳研究生院总支部委员会的决定》和《中共哈尔滨工业大学委员会关于张敏同志的任职通知》，任命张敏同志为深圳研究生院党总支书记（兼）。

会议选举产生张敏、翟楠松、张东来、俞晓国、赵同胤为深圳研究生院党总支委员，成立了行政机关党支部和教师党支部，选举了党支部成员。

彼时，深圳研究生院有正式党员195人、预备党员20人。经过4年办学发展，深圳研究生院组建了行政机关党支部、教师党支部、学生党支部，共计700名党员，并于2006年11月成立了中共哈尔滨工业大学党校深圳研究生院分校，对更好地发挥党的组织建设工作，以及促进学院中心工作都具有重要意义。

二、运行机制："两级双体系"机制逐步形成

这一办学阶段，深圳研究生院逐步确立了"两级双体系"的办学机制，"两级"

指的是深圳研究生院与各职能部处、学科部;"双体系"指的是行政体系和学术体系。根据这一办学机制,深圳研究生院实行理事会领导下的院长办公会和教授委员会分治模式,实现了行政与学术分治,管理与监督并行,权责分明、相互制约,实现了依法办学、教授治学、专家治校,从源头保证教学科研创新发展。

(一)院长办公会:行使行政决策权和执行权

行政上,深圳研究生院实行院长办公会制度,院长办公会由深圳研究生院院级领导和各职能部处负责人组成,讨论决定学院发展建设的重大议题。院长办公会下设相应的行政部门办公会和学科部主任办公会,讨论决定二级单位的重大工作事项。

(二)教授委员会:把握学科特色与方向、学术规范与标准

学术上,除了由哈工大南方工作委员会咨询论证外,深圳研究生院实行学院教授委员会和学科部教授委员会两级教授委员会决策咨询制度:

院教授委员会下设学术、学位、职称三个分委员会,其主要职能是对深圳研究生院的专业设置、学科建设、教学科研、人才引进等重大问题行使决策权,负责全院的学科建设及学术、学位、职称评定等重大事项的评议决策,是实行"科学管理,民主决策"的一个重要组织保证。

各学科部设立学科部教授委员会,负责各学科部相应职责,确立"教授治学"学术管理体制,形成"两级双体系"管理体制。

2004年9月,深圳研究生院首届教授委员会正式成立。第一届教授委员会由刘家琦、金广君、张敏、安实、许杨、滕军、王晓龙、胡泓、宋申华、李泽湘、姚勇11位教授组成。刘家琦教授为第一届教授委员会主任,金广君教授为副主任。

深圳研究生院教授委员会成立以后,在人才引进和教师职称晋升的评定工作中,严格执行了哈工大标准,得到了校本部的认可,逐渐将人才引进以及职称评定的权力"下放"给了深圳研究生院,对深圳研究生院早期的快速发展发挥了至关重要的作用。

2006年6月,各学科部成立学科部教授委员会,负责讨论决定各学科部重

大学科发展问题。

在行政机构建设方面，经过不断调整，2007年5月30日，经院长办公会讨论，确定了11个行政部门，分别是学院办公室、国有资产管理处、人事处（党群办）、学生培养处、学生发展处、科技发展处、培训中心、国际事务办公室、网络信息中心、财务办公室和驻校本部办事处。

三、办学平台：逐步完善三个办学平台

经过4年办学发展，深圳研究生院积极建设、逐步完善了"依托本部""面向国际""面向社会"这三个办学平台，外延办学空间，与国际学术前沿接轨：

"依托本部"的办学平台是"南北校区互动平台"，通过与校本部各学科专业进行"南北互动"，与校本部特色学科优势互补、合作双赢，凸显哈工大特色。

"面向国际"的办学平台是"国际学术联盟"，与国际知名高等院校和科研机构交流合作，是前沿信息和成果交流的快速通道。

"面向社会"的办学平台是"校企合作委员会"，会员单位大多数为珠三角地区，尤其是深圳的高新技术企业，双方联合培养学生、加快转化科研成果、建立校企联合实验室。

（一）南北校区互动平台

南北校区互动平台使深圳研究生院与校本部资源共享、相互支撑，为哈工大继承传统、传承文化、发扬校风注入了新的内涵。

在办学初期，深圳研究生院由于各方面发展不完善，一直在校本部的关怀支持下发展。随着办学不断发展，深圳研究生院已具备了一定的实力，可以和校本部一些相关学科进行优势互补、合作双赢，在学生培养、创新团队建设等方面与校本部相关学科展开了不同程度的合作。

（二）国际学术联盟

2004年12月，深圳研究生院成立了国际学术联盟，这是学院与国际一流高等院校、科研机构、科研人员之间建立的以资源共享、互惠互利为原则，以科研、教学为主，智力引进为辅的有实质性合作项目的学术联盟。

通过国际学术联盟，深圳研究生院使国际合作系统化、网络化，不断提高办

学水平和扩大国际影响力。联盟成员之间共享科研信息、科研成果、科研设施，通过学生互派和教师互访，实现全球知识的流动与共享，增强学生的科研能力与就业竞争力。

深圳研究生院主要与国际学术联盟的成员开展了以下三个方面的合作：科研合作，包括联合开发科研项目、联合申报科研立项、联合建办实验室、联合发表学术论文、联合举办学术会议和学术讲座等；联合培养，包括学生互派和教师互访，引进海外智力及招收海外学生；密切与国际学术圈的联系，扩大国际影响力，深圳研究生院与美国、英国、日本、法国、韩国、新加坡、越南等在内的15个国家，以及中国港澳台地区的50多所高等院校和研究机构开展了实质性的合作。

截至2007年3月，已有包括美国、英国、日本、韩国、新加坡、越南等在内的15个国家的50多个高等院校和研究机构成为深圳研究生院的国际合作伙伴，累计共举办国际学术讲座63次，邀请32名海外学者到深圳研究生院授课，联合科研项目15项，联合培养项目10项，联合发表论文17篇。

（三）校企合作委员会

校企合作委员会是搭建深圳研究生院与企业科学研究及学生培养全面合作的平台。

2004年12月15日，深圳研究生院校企合作委员会成立大会在F栋国际报告厅隆重举行。深圳市副市长闫小培及深圳市政府相关部门领导出席会议。哈工大校长、深圳研究生院院长王树国专程赶来参加会议。深圳研究生院副院长安实主持会议。成立

王树国校长为企业代表颁发聘书

之初，校企合作委员会的会员单位包括微软、联想集团、海王集团等36家海内外知名企业。

自校企合作委员会成立以来，深圳研究生院与各成员单位在科研合作、技术成果转化、联合培养学生、人才互动等方面进行了多方面的合作，充分发挥校企双方的优势，拓展了深圳研究生院的办学空间和科研成果转化效率，为区域经济发展贡献了力量，校企联合培养的学生为企业提供了良好的人才储备。

四、研究机构：成立学科部和研究中心

深圳研究生院将"国际前沿性基础学科建设""促进地方经济的应用学科建设"和"依托学校本部优势"作为学科建设规划原则，坚持"有所为，有所不为"。在学科建设上按照基础学科与应用学科相互补充，充分发挥学科交叉、融合的优势，学院的学科建设与校本部相辅相成的思路，初步形成了：重点学科、基础学科、交叉学科、新兴学科构成的各有特色，又相互支撑的学科体系。

2004年9月，深圳研究生院以学科群为单位，推进跨学科前沿性研究，正式设立了信息科学、先进制造、材料科学、市政与环境、建筑与土木这5个学科部。

各学科部由5名以上的全职教师组成，主要负责学科规划与建设、师资建设与管理、学生培养与教学管理。学科部是一个相对独立的教学、科研机构，深圳研究生院下放教学管理权和财务管理权，但年终须向深圳研究生院做出工作报告和财务报告。

2005年5月，院长办公会研究决定对学科部进行调整，由原有5个学科部调整为7个学科部：计算机与信息技术、材料科学与工程、机械工程与自动化、城市与土木工程、自动控制与机电工程、经济管理、基础科学。

同年，深圳研究生院再次对学科部进行调整。直至2007年年末，深圳研究生院建立了计算机科学与技术、电子与信息工程、自动控制与机电工程、机械工程与自动化、材料科学与工程、城市与土木工程、经济管理、基础科学这8个学科部，下设了32个研究中心。

（一）计算机科学与技术学科部

计算机科学与技术学科部涵盖了计算机科学与技术、控制科学与工程、仪器科学与技术3个一级学科；设有6个研究中心，包括智能计算研究中心、移动计算研究中心、电子商务与企业智能计算研究中心、生物计算研究中心、信息安全研究中心、信息与控制研究中心。

（二）电子与信息工程学科部

电子与信息工程学科部涵盖了信息与通信工程和电子科学与技术2个一级学科，包括物理电子学、微电子学与固体电子学、通信与信息系统、信息与信号处理4个二级学科；设有4个研究中心，包括通信工程研究中心、片上系统研究中心、激光信息技术研究中心、视觉信息分析与处理研究中心。

（三）自动控制与机电工程学科部

自动控制与机电工程学科部涵盖了控制科学与工程、机械工程、电气工程3个一级学科，包括控制理论与控制工程、机械电子工程、电力电子与电力传动3个二级学科；设有3个研究中心，包括自动化技术中心、微电子制造技术中心、运动控制技术中心。

（四）机械工程与自动化学科部

机械工程与自动化学科部涵盖了机械工程、电气工程、控制科学与工程、动力工程及工程热物理4个一级学科，包括机械设计及理论、机械制造及其自动化、机械电子工程、电力电子与电力传动、控制理论与控制工程5个二级学科；设有4个研究中心，包括先进设计与制造技术研究中心、光机电一体化技术研究中心、电力电子与电力传动研究中心、智能交通系统研究中心。

（五）材料科学与工程学科部

材料科学与工程学科部包括了材料物理与化学、材料学和材料加工工程3个二级学科；设有4个研究中心，包括信息功能材料与器件研究中心、先进复合材料技术研究中心、现代连接科学与技术研究中心、分析测试中心。

（六）城市与土木工程学科部

城市与土木工程学科部涵盖了土木、建筑、环境、交通4个一级学科；设有6个研究中心，包括城市与土木工程防灾减灾研究中心、桥梁与结构工程研究中心、结构与岩土工程研究中心、城市与景观设计研究中心、环境科学与工程研究中心、交通工程研究中心。

（七）经济管理学科部

经济管理学科部设有 3 个研究中心，包括创新与创业管理研究中心、资本市场与公司战略研究中心、粤港经济政策研究中心。

（八）基础科学学科部

基础科学学科部以基础研究为主，应用研究为辅，涵盖了数学、力学 2 个一级学科；设有应用数学研究中心、工程力学研究中心 2 个研究中心。

第二节 人才培养：进入全过程人才培养阶段

深圳研究生院自2001年开始招收第一届全日制研究生，截至2007年9月，共培养硕士毕业生近1 320人，博士毕业生116人。在校研究生为2 436人。

在学生就业城市分布方面，2001级至2004级硕士毕业生中，深圳70.6%，上海3.3%，北京7%，其他城市8.4%，继续攻读博士学位10.7%。2005级硕士生中，深圳53.5%，上海6%，北京5.5%，其他城市11%，继续攻读博士学位24%。

深圳研究生院还根据深圳市经济发展和企业的实际需求，开展非全日制硕士研究生的培养工作。截至2007年，在校的非全日制研究生635人，分布于计算机、电子、通信、环境工程、工业工程等10个工程领域。

在留学生培养方面，截至2007年，深圳研究生院的留学生数量为10人，已毕业留学生4人（2人获得硕士学位，2人高级进修结业），其中1名高级进修生完成学业回国，被提升为坦桑尼亚卡鲁姆工业大学校长。

一、逐步实现全过程人才培养

（一）首批3个学科实现全过程培养

深圳研究生院根据实际办学条件，自进驻深圳大学城后，采取"两段式"培养方案，即学生在校本部完成研究生课程后，到深圳高新技术企业做研究课题，在深圳毕业。这期间，针对课题研发中遇到的实际问题，利用企业的研发条件，一大部分学生采取深圳研究生院和企业双导师联合培养的模式，使学生既帮助企业解决了实际问题，也通过对实际课题的研究提高了个人的研究能力，进而顺利完成学业。深圳研究生院还充分利用深圳毗邻香港的有利条件，对部分专业的学生采取和香港知名大学教授双导师联合培养的模式，扩大了学生的视野，部分学生的硕士论文用英文撰写。

在"两段式"培养的基础上，自2004年开始，深圳研究生院开始尝试对部分研究生实行"一段式"培养，即部分研究生在深圳研究生院入学，在这里修读学分，并完成学位论文和毕业答辩。

2004年的秋季学期，城市与土木工程、自动控制与机电工程和机械工程与自动化这3个学科的学生，共计121人开始在深圳研究生院修读研究生课程，深圳研究生院由此开启了全过程培养阶段。首批2名来自埃塞俄比亚、肯尼亚的国际留学生来深圳研究生院报到，进修制造工程及自动化和电气工程课程。

（二）硕士研究生进入全过程培养阶段

2005年1月，《中国教育报》以《失望是怎样变成自豪的》为题，深入报道了深圳研究生院教育教学工作的改革与探索。

2005年9月，这届硕士研究生首次到深圳研究生院办理报到手续，学生户籍也首次落在深圳，开始实行在深圳研究生院全过程培养，这标志着深圳研究生院进入了独立办学阶段。

是年，深圳研究生院采用国外著名大学原版教材开展教学工作，实行中英双语授课，为2005级575名硕士研究生开设了63门课，其中29门课采用全英文授课，全英文授课率达46%。

2005级新生开学典礼

（三）博士研究生进入全过程培养阶段

2006年2月24日，深圳研究生院举办了2006年春季博士研究生入学仪式，这是深圳研究生院首届在深圳报到并全过程培养的博士研究生，共计65名博士生，分布于计算机科学与技术、控制科学与工程、仪器科学与技术、电子科学与技术、信息与通信工程、土木工程、环境科学与工程、城市规划、机械工程、电气工程、材料科学与工程、管理科学与工程、数学13个学科专业。

二、坚持三种人才培养模式

深圳研究生院以建立研究型、开放式、国际化的高层次人才培养基地为目标，根据学生的个体差异，优化组合不同培养模式的积极因素，采用了3种培养模式，即校内培养模式、校企联合培养模式、国（境）外高校或科研机构联合培养模式，先后与日本德岛大学、加拿大拉瓦尔大学，以及香港的多所国际知名高校采用双导师制模式联合培养研究生。

据统计，深圳研究生院2004级425名研究生中，采用校内培养模式培养的学生人数为255人（占总人数的60%），校企联合培养的学生人数为164人（占总人数的38.6%），国（境）外高校联合培养的学生人数为6人（占总人数的1.4%）；2005级573名研究生中，采用校内培养模式培养的学生人数为350人（占总人数的61%），校企联合培养的学生人数为223人（占总人数的39%）。

校企联合培养模式脱胎于哈工大"厂校合作"的办学传统，其主要形式是学生进入课题准备阶段后到企业工作学习。鉴于建院初期，深圳研究生院校园建设尚未完成、办学条件有待完善、师资队伍建设尚待加强的因素，在学生培养方面，深圳研究生院探索建立了校企联合培养模式，采用这一模式的学生实行学院全职导师加企业导师的双导师制，学生在完成研究生课程后，进入高新技术企业深入了解研发的各个环节，在企业开展课题研究，将理论与实践紧密结合。

校企合作委员会的建立，为深圳研究生院开展校企联合培养拓展了企业资源。微软公司、华为技术有限公司、迈瑞公司这批最早成为深圳研究生院的合作企业，以及在以后的5年里，加入到这一平台中的企业，与深圳研究生院共同为深圳地方经济发展培养了一批优秀人才。实践证明，校企联合培养模式保障了深圳研究生院的研究生培养质量，在每学期的硕士学位论文答辩会上，校外专家对深圳研究生院校企联合培养的学生给予了高度评价。他们普遍认为，通过校企联合培养模式培养出来的研究生，课题更适应社会工业生产实践，达到了企业对人才的要求。

三、人才培养与校本部统一质量

深圳研究生院深入研究新形势下研究生教育规律，借鉴和引进国外先进的课程体系，结合学科发展要求，组织了国内外一批长期从事研究生教育的专家学者制订了"硕士/博士研究生培养方案"，并根据实际情况不断更新、改进。截至2007年，开设硕士学位点25个、博士学位点14个。

2006年，深圳研究生院积极推进科学研究、实验室建设和国际化办学，开始采用具备网上选课、网上查询、课程管理、排课系统、网上成绩录入等功能的"研究生教务管理系统"，实现教务管理信息化；借鉴和引进国外先进课程体系和经验，提出"全人教育"理念，制定各学科部"硕士/博士研究生培养方案"，鼓励学生跨专业选修课程。率先在国内把"创业工程学"作为全院学生必修课程。是年，采用国际通用的考试评分"GPA4.0改进算法"作为考试成绩评定标准，更真实准确地反映学生学习成绩。

（一）创新的教学体系

为培养国际型的人才，深圳研究生院逐步建立了与国际接轨的教学培养体系和评价体系，采用英语和中英双语教学授课方式。

深圳研究生院全职教师的博士化率达到100%，其中60%以上的教师拥有海外留学或工作的经历。深圳研究生院要求每位教师都必须从事教学工作，教学和科研处于同样重要的地位。倡导"以教学带动科研"的价值取向。采用国外最新的原文教材，积极倡导全英文授课的教学方式。自创办以来，深圳研究生院开设的近200门数学课、专业课和专业基础课中，全英文授课率达到30%以上。

2007年，深圳研究生院依托"国际学术联盟"平台，聘请海外访问教授13人，联合培养学生人数占总数的3%左右，建立了与国际接轨的教学培养体系和评价体系,采用英语和中英双语教学授课方式,50%以上课程采用英语授课,40%左右采用中英双语授课,75%采用英语原版教材,10%以上的硕士研究生用英文撰写毕业论文并用英文做毕业答辩。

(二)开放的培养平台

为培养研究型、应用型等各类创新型人才,深圳研究生院设有三种培养模式,其中校企联合培养学生占40%左右,境外和港台联合培养学生占3%左右。利用与校本部的"南北互动",根据学生的研究兴趣,允许校本部和深圳研究生院的一些学生有选择地参加对方校区的课程学习。

截至2007年,深圳研究生院以"校企合作委员会"为平台,与140余家成员单位合作,联合培养学生5届,人数约占培养学生总数的40%。成立校企合作委员会办公室,与企业联合建立硕士研究生培养基地60多个,聘请双导师制下的企业导师近200名,建立博士后创新基地11个,为企业在职继续教育开设18个工程硕士班,注册学生630余名,累计讲授研究生课程1 820学时,为企业开设讲座35场。

经过几年的不懈努力,深圳研究生院培养的研究生质量受到了社会各界的广泛好评。以留深毕业生为例:在深圳工作的毕业生,分布于华为技术有限公司、中兴通讯股份有限公司、UT斯达康通讯有限公司深圳分公司、中国长城计算机深圳股份有限公司、富士康科技集团、深圳市大族激光科技股份有限公司、深圳市城市规划设计研究院、深圳大学等,涉及电子信息、生物医药、能源、材料、建筑、教育、金融、技术咨询等行业的70多家企、事业单位。

(三)严格的培养过程管理

为保证研究生培养的质量,使深圳研究生院培养出来的研究生能够达到校本部同一品牌要求,深圳研究生院严格管理培养过程,在听课环节、论文环节、评审环节等方面严格把关。

1. 建立了完善的教学评估体系

深圳研究生院的课程评估包括专家听课、问卷调查和座谈会三种形式。学院特别设立了专家小组,对各门课程进行随机听课,由专家从教学模式、创新性、内容先进性等方面对授课教师给出评价，并提出改进的建议。

每学期期末，深圳研究生院会给学生发放调查问卷，采取无记名方式，由所有听课学生对所学课程授课教师的各方面授课情况进行评价。学院综合学生的反馈意见，进行分析、评估，并以评估报告的形式发给教师个人，以便为教师下次授课提供参考。

深圳研究生院还启动了"精品课"评选，每年组织专家听课评估，评选出若干个精品课程，引导教师提高授课质量。

2. 实行学生课题研究的过程控制

为保证学生论文的质量，深圳研究生院不但从制度上保证指导教师对学生课题研究过程中的严格指导，在学生论文开题、中期检查、毕业论文答辩环节都会邀请校本部的学术带头人、教授及香港知名相关专家参加，及时为学生提供指导和帮助。自创办以来，从校本部来深圳研究生院参加学生开题、中期检查和毕业答辩的教授累计约1 700人次。

3. 学生毕业答辩的质量控制

深圳研究生院设有学院和学科部两级"学位分评委员会"，学生答辩首先由学科部各专业"学位分评委员会"负责组织，各学科部分别邀请校本部相关专业负责人来院主持学生答辩工作，通过答辩的材料将报送学院"学位分评委员会"审核，最终上报至校本部"学位评定委员会"审定。如此形成了三级审定制度，严格把控学生的质量。

深圳研究生院2006至2007年的硕士毕业生中有5%获得校级优秀论文，10%获得校级优秀毕业生，3%获得省级优秀毕业生称号。深圳研究生院学生培养已达到了与校本部统一质量的要求，学生培养质量得到校本部各相关专业的认可。

截至2006年12月，深圳研究生院已毕业4届硕士研究生，其中2001级硕士生119人于2004年3月全部毕业；2002级硕士生156人于2005年3月毕业；2003级硕士生176人于2006年3月毕业，2004级硕士生425人于2006年6月毕业，就业率100%，其中绝大部分毕业生都留在深圳，主要供职于高新技术企业、大专院校、政府机构等,2001级毕业生的留深率达到80%以上，

2002级、2003级毕业生留深率略低,约70%。

四、形成踏实勤奋、宽容开放的校园文化

经过4年办学发展,深圳研究生院不断加强校园文化建设和德育工程建设,既继承了哈工大的"规格严格,功夫到家"的校训精神和文化底蕴,又发扬了深圳的开拓创新精神,逐步形成了创新、自立、合作的校园文化。

深圳研究生院组建了研究生会,以及英语协会、排球协会、逆时针乐队、健美操表演队、足球队、篮球队、电子竞技俱乐部等学生社团,策划并举办了校园主持人大赛、校园厨艺大赛、电子竞技大赛、心理健康日、摄影征文展等活动,并在自然讲坛、荔枝节晚会、体育文化节、国庆暨中秋晚会等活动中形成了一定的品牌影响力。通过开展丰富多彩的文化、艺术和体育活动,提升了深圳研究生院学生的人文素质、科学素养、实践能力和创新精神。

第三节　师资队伍：引培并举成效显著

2001年至2004年，深圳研究生院院领导带队，先后四次随政府招聘团赴北美、欧洲国家，以及中国香港招揽人才，共引进了拥有海外留学经历、具有博士学位的优秀人才100余人。自2004年开始，深圳研究生院启动了"海外百名英才引进工程"，当年即聘请了35名来自英国、美国、加拿大、日本、澳大利亚等国家及中国香港地区著名大学的专家学者为特聘教授，由此正式拉开了深圳研究生院加快师资队伍建设步伐的序幕。

这一阶段，深圳研究生院坚持"不求所有，但求所用"的优秀人才"资源整合"概念，构建了以全职教师为主体，校本部教师、特聘教授和访问教授为辅，博士后为师资后备的多元化的师资队伍。

一、全职教师博士化率达到100%

深圳研究生院在人才引进及师资队伍建设机制上，积极吸收国外高等学校的成功办学理念，建立了一套既符合国际化办学需求又适合中国国情的人才引进及师资队伍建设机制。

深圳研究生院的师资队伍由全职教师、双基地教师、特聘教授、访问教授、博士后组成，其中，有海外学习或工作经历的全职教师占67%，外籍教师占10%，年龄35岁以下教师占30%。

全职教师入职门槛为博士后出站或有2年以上高校教学、科研工作经历的人员。同等条件下，有海外留学经历者优先。深圳研究生院选聘教师的教授委员会制度的建立,使人才引进、教师专业技术职务评定及晋升更科学、更民主,逐步建立起一支精干、高素质的全职教师队伍,全职教师博士化率达到100%,其中63.8%具有海外留学或工作经历。

双基地教师主要是由校本部的院士、长江学者和学术带头人组成,深圳研究生院定期、有组织地邀请他们来院指导或参与有关实质性的教学和科研工作,发挥校本部的优势,加强南北联合。

特聘教授主要是指香港及台湾等地高校的知名学者,深圳研究生院根据办学工作需要有针对性地聘请他们定期来深圳研究生院工作。

访问教授是指国外著名高等学校的知名专家、学者,深圳研究生院聘请他们利用学术休假时间来深圳短期工作。

截至2007年,深圳研究生院共有教师165人:其中全职教师82人,包括教育部新世纪人才4人、国务院特殊津贴专家1人、深圳市政府特殊津贴专家2人;双基地教师36人,包括院士6人(均为每年在深圳研究生院工作6个月以上的双基地教师);特聘教授、访问教授47人,包括"长江学者奖励计划"讲座教授3人(均为每年在深圳研究生院工作6个月以上的特聘教授)。

二、荣获"深圳市优秀博士后科研工作单位"称号

2004年初,经校本部博士后管理办公室和深圳市人事局批准,深圳研究生院开始依托校本部博士后流动站面向国内外招收博士后人员从事科学研究工作,按照"立足深圳,服务企业,创新实践,优化发展"的工作思路,走出了一条具有深圳特色的博士后发展道路,3年累计招收博士后55人,已成为深圳市规模较大的博士后设站单位之一。

2005年,在深圳市政府开展纪念博士后工作十周年活动中,深圳研究生院荣获"深圳市优秀博士后科研工作单位"称号,是深圳大学城唯一获奖单位。

根据深圳市经济发展需要,深圳研究生院统筹规划,不仅在机械工程、电气工程、计算机科学与技术、电子科学与技术、信息与通信工程、材料

科学与工程、管理科学与工程等18个一级学科设置了50多个博士后研究课题，还根据深圳市企业需要设置了近100个专业方向的课题，既有深圳企业急需解决的课题，又有为深圳经济长远发展提供技术储备的课题。经过博士后和合作导师申报、教授委员会论证，按照"深圳切实需要、难度和工作量适中、研究周期适宜"三条原则，深圳研究生院先后确立博士后研究课题80多项，平均每年30多项，为面向海内外招收优秀博士后奠定了良好的基础。

深圳研究生院还积极参与深圳市开展的博士后创新实践基地建设工作，除与深圳市的6个区签署《创建博士后创新实践基地协议》外，还与深圳建升和钢结构有限公司、深圳市市政工程设计院、德昌电机公司、三鑫特种玻璃公司和深圳市社会科学院等单位开展了博士后科研合作，深圳研究生院的一批博士后入站后，即进入上述企业直接参加国家及省市的多项重点科研项目研发工作，一两年后已成为所在公司的研发骨干。

深圳研究生院的博士后，在导师的指导下，积极参与到与深圳市经济发展相关联的课题和项目中，取得了显著的科研成果。截至2007年，深圳研究生院博士后累计主持或参与国家及省部级项目65项，经费达1 485万元；其中22人获中国博士后基金资助，仅2006年就有16人获此资助；博士后累计发表论文225篇，其中，SCI 71篇、EI 73篇、ISTP 6篇；主编或参与出版专著5本。同时，11名博士后承担了5个学科部共490课时的教学任务。博士后已经成为深圳研究生院教师团队的重要力量。

第四节　科学研究：夯实基础服务社会

深圳研究生院以"加强引导、鼓励创新、扶持重点、营造环境"为指导思想,通过政策性倾斜和重点扶持,促进各学科部及研究中心发展国际前沿、交叉学科或国民经济和社会发展急需的项目,通过积极与政府及产业界合作,创造条件推进科技成果迅速转化及产业化,极大地增强了深圳研究生院教师的科研积极性、主动性。这一阶段,全院的科研工作取得了长足的进步,在实验室建设、科研项目申报、校企合作等方面都取得了突破性的成果。

一、形成国家、市、院三级实验室建设模式

深圳研究生院于 2005 年建成了深圳市数字化制造重点实验室,并于 2006 年在实验室建设方面取得了重大突破。学院组织并邀请多名院士、专家学者,以及计算机科学与技术、电子与信息工程、材料科学与工程、机械工程与自动化、自动控制与机电工程等学科部的教师参加了 3 个深圳市"国家级重点实验室"的论证和筹备工作,即先进制造技术实验室、网络环境智能计算实验室、新材料技术实验室。10 月,这 3 个实验室通过了深圳市发改局评审中心"项目编制报告"的评审,深圳市政府同意拨付 9 000 万元建设资金,其中 3 000 万元资金于年底到位。

在加强深圳市数字化制造重点实验室管理的基础上,深圳研究生院申

请了3个市级重点实验室,即城市与土木防灾减灾实验室、生物计算实验室和环境污染控制与产业化实验室,其中城市与土木防灾减灾实验室和生物计算实验室在25个申请单位中成功进入专家现场评审的12个单位之列,城市与土木防灾减灾实验室更是以高票通过了专家现场评审,成为申报成功的6个市级重点实验室之一。

深圳研究生院全面启动了自筹资金的院级科研实验室的建设工作,由此形成了市、院三级实验室的建设和运作模式。各级实验室的研究方向设置原则均为面向国家科学发展规划、面向深圳市地方经济发展、面向哈工大优势学科。

为了对已建成和在建实验室进行科学有序的管理和使用,深圳研究生院依据国际惯例,对社会开放大部分实验室,通过为社会提供技术支持和技术服务的方式与区域经济建立同舟共济的合作关系,以促进深圳研究生院的技术发展、实验条件和实验手段持续保持先进水平,并实现资源效益最大化。

2006年,深圳研究生院通过对实验室人员和设备的整合,建立了一支独立于各学科部之外的实验室管理人员队伍,制定了实验室规划和建设、设备采购及经费使用、实验室论证评审、实验室使用和管理、实验室保密等一整套制度,为实验室建设的科学、有序、高效发展打下了基础。

二、科技经费逐年攀升

2004年,深圳研究生院承担国家级,省级,市、区级,以及横向课题共计56项,到账科研经费1 427万元,其中国家自然科学基金项目6项、国防预研基金项目2项、其他各类科研项目48项;发表SCI、EI、ISTP及国内外学术刊物、会议论文150余篇。

2005年,深圳研究生院承担国家级,省级,市、区级,以及横向课题共计86项,到账经费2 034.8万元,其中国家级项目28项,包括国家自然科学基金项目9项、教育部留学回国人员科研启动基金项目5项、115科研基金项目1项、中国博士后科学基金项目8项、航天科技创新基金项目2项、国家科技部基金项目2项、国际科技合作项目1项;省级项目3项,包括广东省自然科学基金项目1项、广东省软科学家研究项目2项;市、区级项目6项,包括深圳市社会科学"十五"规划课题1项、龙岗区项目1项;横向课题50项。在论文专著方面,出版学术专著2部、发表学术论文125篇,其中,核心期刊103篇,三大检索收录58篇。

2006年,深圳研究生院承担国家级,省级,市、区级,以及横向课题共计110项,到账经费2 376万元,其中国家级项目27项,包括国家自然科学基金项目9项、教育部留学回国人员科研启动基金项目1项、中国博士后科学基金项目16项、国家自然科学基金国际(地区)合作交流项目1项;省级项目6项,包括广东省自然科学基金项目3项、广东省科技计划项目1项;市、区级项目20项,包括深圳市科技计划配套项目6项、深圳市科技计划项目9项、南山区科技计划项目3项、宁山区知识产权专项经费2项;横向课题62项。在论文专著方面,出版学术专著4部、发表学术论文314篇,其中,核心期刊92篇,四大检索收录108篇;共获专利25项,其中公开专利号的专利发明共7项、申请专利发明19项。

2007年,深圳研究生院科研到账经费2 622万元,人均科研经费达32.3万元,承担立项批准的国家自然科学基金项目14项。在论文专著方面,出版学术专著2部、发表学术论文352篇,其中核心期刊106篇,四大检索收录210篇;获国家科技进步奖二等奖1项、获国家专利授权14项。

三、校企合作硕果累累

深圳研究生院加大了对校企合作委员会这一重要平台的建设力度,力争将其打造为科技创新的平台、人才培养的摇篮、信息交流的枢纽、成果转化的孵化器、互利共赢的典范,为深圳市实施自主创新战略、建设国家创新型城市做出更多的贡献。

2004年创办校企合作委员会后，于2006年、2007年分别召开了两届校企合作工作研讨会。尤其2006年，深圳市台商协会的集体加盟，成为当年校企合作委员会工作的一大亮点。

经过几年的办学实践，深圳研究生院形成了4种效果较好的校企科研模式，包括咨询服务模式，即深圳研究生院利用已有技术、设备，为企业提供咨询服务；委托课题模式，即企业将课题委托给深圳研究生院并提供研究经费，深圳研究生院完成课题后，向企业提供科研成果；合作研究模式，即以企业或深圳研究生院一方为主，引入另一方的技术设备、技术人员等资源，共同完成特定课题。也可组合双方优势，共同申报国家和地方重大课题；技术转让模式，即深圳研究生院将科技成果转让给企业或行业，实现科研成果商品化。

截至2007年年底，校企合作委员会的会员单位已拓展到140余家，其中大多数都是行业内的龙头企业，以跨国公司和民营企业为主，信息产业居多，大部分企业拥有自主知识产权的产品，研发能力强，企业经营范围遍布珠江三角洲地区。通过这一平台，深圳研究生院与140余家企业开展了实质性合作，共同推进并实施了100余个技术合作项目，为企业解决120余个关键技术问题；共同建立了5个联合实验室，成为深圳研究生院重要的学生培养实践基地。

为加强校企合作，深圳研究生院还建立了"校企合作"网站，邀请专家开设专门讲座，积极组织教师和博士后参加深圳市各个区开展的各类科技活动，先后参加了南山区科学技术局"科技创业服务中心"主办的针对高校、企业、投资融资的"接触"创业沙龙俱乐部等活动，并荣获深圳市南山区科学技术协会颁发的"2002—2005年度科普工作先进集体"荣誉称号。

深圳研究生院还通过参加各类展会，不断拓展与企业对接的渠道。2004年10月，深圳研究生院首次参展第六届深圳（国际）高新技术成果交易会，签订了总价值1 600余万元的科研合作协议，项目包括与深圳市辅泰工业技术有限公司合作开发的"电子工业用炉温过程精细实时监控系统"、与日东科技（控股）有限公司合作建立"日东科技哈工大微电子制造设备与工艺研发中心"、与深圳市速航科技发展有限公司合作开发的"NiTi 合金微驱动器"等，均拥有自主知识产权和广阔市场前景。

2005 年 10 月，深圳研究生院参展第七届深圳（国际）高新技术成果交易会，与深圳科尼特机电自动化技术有限公司、深圳擎源医疗器械有限公司、香港保利公司等十几家企业签署了战略合作意向协议，合作资金达 2 000 余万元，涉及参展项目 12 项。

第三章　高歌前行：储实力
（2008—2012）

第三章 高歌前行：储实力（2008—2012）

2012年5月18日，中共中央政治局常委、哈工大校友李长春在中共中央政治局委员、广东省委书记汪洋，广东省委常委、深圳市委书记王荣，深圳副市长吴以环等省市领导陪同下到深圳研究生院视察。

李长春听取了时任哈工大校长王树国关于深圳研究生院师资、科研、教学、规划等各方面情况的汇报，随后参观了网络环境智能计算重点实验室。视察翌日，李长春向深圳研究生院发来贺信，对深圳研究生院创办十周年取得的成绩给予肯定，向全院师生员工致以亲切问候，希望深圳研究生院"认真规划好第二个十年的发展，在建设研究型大学和世界一流大学的征程上不断取得新成绩、创造新辉煌，为促进深圳加快转变经济发展方式、推动产业转型升级，为提高自主创新能力、建设创新型国家，做出新的更大贡献"。

过去十年来，深圳研究生院通过行政和学术上的"直通车"，将九十年名校的传统、学风与校风直接输入到这个全新的校园：由哈工大校长直接担任深圳研究生院院长，一批杰出的哈工大老领导和院士为深圳研究生院的发展把关。从拿下第一个项目到教师单年人均科研经费88万元；深圳研究生院培养的九届毕业生留深率62%，成为最受高新技术企业欢迎的"宠儿"；深圳研究生院培养的博士后单人为企业创造过亿的经济效益，成为深圳特区成立三十周年庆典大会上的亮点。深圳研究生院注重创新、珍惜人才，相信天道酬勤，更牢记着哈工大人的使命，践行"规格严格，功夫到家"，从中国地图的北端到南端，让南国的校园也延续着一脉相承的、柔和而坚韧的精神,日月流转,生生不息。

过去十年,是深圳研究生院蹒跚起步和渐行渐稳的十年。紧紧抓住教书育人这个根本任务,把思想道德建设作为培养高素质人才的重要基础,把铭记责任、求真务实、海纳百川、自强不息的哈工大精神代代相传,努力创造无愧于时代、无愧于历史、无悔于人民的成绩。

第一节　市校合作：朝着建设校区方向携手并进

一、校区建设构想被提上议程

2008年，深圳研究生院步入了办学的第6个年头。这年6月，深圳研究生院常务副院长金广君回哈工大校本部向学校党委常委会做办学情况汇报。他汇报了深圳研究生院办学的成果，也提到了存在的办学困难，包括办学资源不足、师资队伍缺乏稳定机制等诸多影响办学纵深发展的问题。

深圳研究生院在向深圳市政府报送的《关于建设好深圳大学城暨哈工大深圳研究生院的建议》中也提出为了促进学院"更加健康、稳步发展，更好地服务于地方经济建设"，建议"市政府将深圳大学城三所学院的性质由原深圳市差额拨款事业单位明确为全额拨款事业单位，按市属高校事业单位设置机构，并统一纳入市属高校发展规划中"。

2009年7月6日，金广君以深圳市政府咨询委员、南山区政府决策咨询顾问的身份向深圳市副市长唐杰提交了《对深圳大学城发展建设的战略思考》，通过解读深圳大学城的创办思路，回顾深圳大学城发展建设五年来的经验及问题，提出了深圳大学城发展建设的三个阶段的设想和每个阶段的工作重点。报告指出：现阶段是深圳大学城发展的关键时期，办学双方应该共同对深圳大学城做客观的科学评价和冷静思考，对深圳大学城的发展方向、使命和目标达成共识，使大学城健康、可持续地发展，为深圳城市的科技和经济发展做出应有的贡献，为我国高等教育的创新探索出一条新路。

报告建议：2013年开始，深圳大学城各办学实体要实现"独立校区运行"，成为与校本部相对独立的校区，为各校本部教育事业的发展做出积极贡献、发挥不可替代的作用，成为我国创新型的"异地办学"的成功典范。

7月14日，深圳市副市长唐杰率领深圳市发展和改革局、教育局、人事局（编制办）、财政局、劳动和社会保障局、科技和信息局、规划局、国土资源和房产管理局、法制办，以及深圳大学城管委办等有关部门负责同志一行20余人来到深圳研究生院，就办学体制机制改革等问题进行调研，并与学院领导班子成员进行了座谈。

在调研活动中，唐杰指出，市委市政府将会全力支持深圳大学城各研究生院的发展，希望市、校共同探索和深化研究深圳大学城的发展模式和未来走向，坚持"创新机制、激发活力，理顺关系、切实搞活，瞄准一流、加快发展"的原则，在体制机制问题上探索出一个新的发展模式，从根本上研究解决深圳大学城发展中面临的一些深层次问题，吸引留住更多教学科研人才，促进各研究生院健康、稳步、高质量发展，为深圳市建设国际化创新型城市做出贡献。

调研会议

二、市校合作办学工作会议

2009年8月10日,应王树国校长邀请,深圳市副市长唐杰一行在常务副院长金广君、副院长韩喜双等陪同下,赴哈尔滨出席了"深圳市政府与哈尔滨工业大学合作办学工作会议",并参观访问了哈工大。

在合作办学工作会议上,市校双方围绕如何调整市校合作机制,在现有深圳研究生院的基础上开展本科生培养,将深圳研究生院建设成为深圳校区以及深圳研究生院机制体制创新、人才引进、师资队伍建设、本科生招生及培养、留学生招生等方面问题,进行了充分的交流,并达成多项共识。

在时任哈工大副校长孙和义等陪同下,唐杰副市长一行参观了哈工大科学园特种环境复合材料国防科技重点实验室、机器人技术与系统国家重点实验室、卫星工程技术研究所、汽车电子工程中心等研究机构。唐杰副市长希望市校双方能充分利用深圳人才、资讯、金融、物流、体制机制、产业配套和政策法律环境的综合优势和哈工大科技创新及人才培养的优势,努力打造产学研结合的创新体系,推动深圳国家创新型城市建设和加速哈工大实现"创建世界一流大学"目标的进程。

深圳市副市长唐杰赴哈工大调研参观访问

三、签署新的合作办学备忘录

2009年12月11日,深圳市副市长闫小培和哈工大校长王树国分别代表深圳市人民政府与哈尔滨工业大学在深圳市政府会议厅签署了新的合作办学备忘录。

市校合作办学备忘录签字仪式

根据市校合作办学备忘录精神,市校双方将在哈尔滨工业大学统一品牌、统一学术教学标准、统一管理的前提下,在未来五年内将哈尔滨工业大学深圳研究生院建设成为"哈尔滨工业大学深圳校区"。深圳校区是甲乙双方合作举办的以理工科为主的深圳市属高校,中长期发展目标定位为:向"高精特"研究型大学发展。未来五年内,哈尔滨工业大学将以招生计划单列的形式,使深圳校区的在校全日制研究生达到3 000人、全日制本科生2 000人、在校全日制留学生300~400人、在站博士后研究人员80~100人,初步形成包括本、硕、博及博士后研究的完整高等教育人才培养体系。

深圳市人民政府将对深圳校区教师编制配备计划单列,建设投资计划单列,学科设置计划单列，相关办学条件与经费由市财政予以保证。

2010年10月17日，哈工大党委书记王树权拜会深圳市委副书记王穗明。围绕在合作办学方面进一步达成共识，促进市校双方开展更深层次的合作，推动深圳研究生院快速发展，为深圳高等教育跨越式发展贡献力量，双方进行了深入沟通。

四、配齐领导班子成员

2010年5月14日，哈工大校本部党委下发文件《关于张敏等同志任职的通知》：

经2010年5月7日党委常委会议决定：张敏同志任哈尔滨工业大学研究生院副院长（兼）；刘红军同志任哈尔滨工业大学研究生院副院长；韩喜双同志任哈尔滨工业大学研究生院副院长；周超英同志任哈尔滨工业大学研究生院副院长。

9月14日，经学校党委常委会议讨论，并征得深圳市委组织部同意，决定：金广君同志任哈尔滨工业大学深圳研究生院院长；张敏同志任哈尔滨工业大学深圳研究生院党委书记。

五、办学成果受到广泛肯定

2010年1月19日，深圳市代市长王荣、市委副书记李意珍、副市长吕锐锋、市政府秘书长李平等一行赴深圳大学城调研，听取各研究生院办学工作情况汇报，研究深圳大学城未来发展思路和措施。市府办、市教育局、发改委、科工贸信委、财政委、规划国土委、人力资源保障局、法制办、住房建设局、建筑工务署、深圳大学城管理办公室主要负责同志全程参加了调研。金广君院长在会上做了办学工作汇报。

会上，王荣表示非常感谢各学校本部对深圳高等教育发展做出的贡献，对深圳大学城各院的办学成果表示了充分肯定。他提出，深圳市政府一定要加大力度办好高等教育，服务城市发展，要让深圳大学城的人才集聚效应成为深圳城市发展强有力的推动力。

2010年11月4日，深圳市委副书记、高教工委书记王穗明，深圳市副市长吴以环，市政府副秘书长黄国强一行赴深圳大学城调研。

在听完深圳大学城管理办公室及各研究生院的工作报告后，王穗明对深圳大学城目前取得的成绩表示肯定，她认为通过十年的办学探索，如今的深圳大学城已经粗具规模，在提升城市形象和促进区域经济发展等方面已经做出了一定的贡献。三所研究生院已经明确了各自的办学方向，并且做到了各具特色，错位发展。此次借举办大运会之东风，三所研究生院应抓住机遇，进一步提升办学实力。

2010年11月18日，工业和信息化部高校巡视组组长、北京理工大学原党委书记焦文俊，巡视组副组长、工信部监察局副局长武凤云一行到深圳研究生院考察，金广君院长向考察组做了办学情况汇报。

考察中，焦文俊表示，在工信部直属的7所高校中，哈工大规模最大、水平最高，而深圳研究生院正是哈工大办学模式的一次成功探索，他以"开放办学、勇于创新、活力无限、前景光明"16字高度评价了深圳研究生院8年来所取得的办学成果。

在深圳研究生院十载发展历程中，一直受到各级领导、社会各界、国际友人、海内外校友的悉心指导、鼎力支持。2012年，十年院庆前夕，社会各界纷纷发来贺电、贺信，恭贺深圳研究生院成立十周年。

李长春同志向深圳研究生院发来贺信，对深圳研究生院创办十周年取得的成绩给予肯定，向全院师生员工致以亲切问候。全文如下：

> 值此哈尔滨工业大学深圳研究生院创办十周年之际，谨表示热烈祝贺，并向全体师生员工致以亲切问候！哈尔滨工业大学深圳研究生院创办十年的实践充分证明，深圳市与北京大学、清华大学、哈尔滨工业大学联合办研究生院的决策是正确的。创办哈尔滨工业大学深圳研究生院，对于推动哈尔滨工业大学自身发展，促进产学研相结合，具有重要的意义，同时也对深圳经济社会发展做出了积极贡献。希望你们站在新的历史起点上，认真规划好第二个十年的发展，在建设研究型大学和世界一流大学的征程上不断取得新成

绩、创造新辉煌，为促进深圳加快转变经济发展方式、推动产业转型升级，为提高自主创新能力、建设创新型国家，做出新的更大贡献。

六、隆重庆祝建院十周年

十载峥嵘岁月，春华秋实。六月鹏城学府，硕果累累。6月6日，深圳研究生院迎来了她的第一个十岁生日。深圳大学城体育馆一派喜气洋洋，2 000余名师生、校友、嘉宾齐聚一堂，共同庆贺深圳研究生院建院十周年。

上午10点，深圳研究生院建院十周年庆祝大会在庄严的国歌声中开始。深圳市市长许勤、工业与信息化部人事教育司司长衣雪青、深圳市人大副主任蒋宇扬、深圳市副市长吴以环，学校党委书记王树权、校长王树国出席了庆祝大会。

出席大会的各级领导还有：深圳市人大原副主任邱玫，深圳市政协原副主席许扬，深圳市政协原副主席姜忠，深圳市委副秘书长乐正，深圳市委党校副校长朱迪俭，深圳市科技创新委员会副主任邱宣，深圳市规划和国土委员会巡视员刘永根，深圳市人居环境委员会主任刘忠朴，深圳市教育局副局长范坤，深圳市科学技术协会副主席张莉，深圳大学城管理办公室主任吴惠琼，南山区区

深圳研究生院建院10周年庆祝大会隆重举行

长余新国,南山区副区长王东、曹赛先,深圳报业集团、深圳特区报社副总编辑张兴文等。

参会的兄弟院校领导有:南京航空航天大学党委书记崔锐捷,深圳大学校长章必功,南方科技大学党委副书记李平,北京大学副校长、北大深圳研究生院院长海闻,清华大学深圳研究生院院长康飞宇,香港中文大学副校长徐扬生,深圳职业技术学院副校长温希东,中国科学院深圳先进技术研究院副院长吕建成,暨南大学深圳旅游学院党委书记、副院长段开成,以及香港理工大学、香港城市大学、台北科技大学、深圳信息职业技术学院代表等。

参会的学校领导及各单位领导有:南方工作委员会原主任、学校原校长杨士勤,学校原党委书记吴林,学校原党委书记李生,哈尔滨建筑工程学院原院长何钟怡,学校原党委副书记强金龙,学校原副校长强文义,学校原副校长刘家琦,学校副校长孙和义、丁雪梅,学校纪委书记才巨金,学校校长助理张华、徐晓飞、安实,威海校区党委书记姜波、校长冯吉才、副校长曲世友,学校办公室副主任董继文,本科生院副院长兼教务处处长沈毅,研究生院副院长马广富,科学与工业技术研究院党委书记兼副院长付强,基础与交叉科学研究院院长郑世先,航天学院党委书记兼副院长王军、副院长兼卫星研究所所长孙兆伟,机电工程学院院长赵杰,能源科学与工程学院副院长李炳熙,电气工程及自动化学院党委书记兼副院长孙雪,经济与管理学院党委书记兼副院长鞠晓峰,土木工程学院党委书记邹超英,建筑学院副院长孙澄,交通科学与工程学院院长侯相琛,软件学院院长马培军,外语学院院长傅利,媒体技术与艺术系党总支书记闫波,食品科学与工程学院党委书记姜华,深圳研究生院党委书记兼副院长张敏,深圳研究生院副院长刘红军、韩喜双、周超英。

参会的哈工大校友代表有:校友总会副会长、北京校友会秘书长熊焰、海南省国土环境资源厅总工程师张信芳和深圳市水务集团原董事长于剑等。

校企合作平台的各个企业、各学会、协会负责人及代表也参加了庆祝大会。

衣雪青司长在庆祝大会上讲话。他表示,十年间,哈工大深圳研究生院迅速完成了由起步过渡到发展跃升的积累过程,为工业和信息化部所属高校创新发展探出了一条新的路子。他希望哈工大深圳研究生院在未来的发展中能够前瞻未来，培育人才；面向世界，积聚英才；着眼世界，服务社会；统观时代，践行使命。

许勤市长在庆祝大会上讲话。他表示，十年来，哈工大深圳研究生院为推动深圳的自主创新和转型升级提供了强有力的人才和智力支撑。在新的发展时期，深圳将更加重视发展高等教育，积极建设国家教育成果改革示范区，进一步加强与包括哈工大在内的国内外高等院校的合作。他表示，深圳市委、市政府将全力支持哈工大深圳研究生院在高等教育领域改革创新，积极推动哈工大深圳研究生院建设成为哈尔滨工业大学（深圳），成为深圳建设国家创新型城市的重要支点。

校长王树国在庆祝大会上致辞。他说，"规格严格，功夫到家"是哈工大的校训。哈工大人热爱祖国、忠诚事业，为国家的发展和社会的进步贡献着汗水和成绩，我们为此而骄傲。伴随着深圳改革开放的步伐，深圳研究生院在深圳这块沃土上，落地、生根、开花、结果。深圳为我们融入了改革开放的思想，让我们看到中国未来的希望。哈工大也会在教育的改革步伐上与深圳的发展融为一体，为深圳未来的发展增光添彩。我们希望看到深圳未来的规划变为现实，更愿意看到这其中有哈工大人的身影、哈工大人的贡献！

深圳研究生院党委书记兼副院长张敏在庆祝大会上致辞。他说，过去的十年是深圳研究生院启步探索的十年，未来十年将是深圳研究生院加速发展的十年。我们将以科技、经济和社会发展中的重大需求为导向，以促进高等教育与科技、经济、文化的有机结合为目标，以促进政产学研用紧密结合、引领推动国家创新体系建设为己任，绝不辜负中央领导以及广东省、深圳市、学校各级领导的殷切期望，以"坚定的信念、宽广的胸怀、创造的激情、务实的态度"继续谱写新的华章。

计算机科学与技术学院潘正祥教授代表全体教师发言。作为亲历和见证哈工大深圳研究生院巨大变化的教师，他动容地说，昔日的一片黄土，已成为今日的科研殿堂。风雨十载沧桑，研究蒸蒸日上。抚今追昔，我们为深圳研究生院的蓬勃发展而自豪！他代表全体教师承诺，在今后的工作中，再接再励，创造更多的辉煌，用智慧、勤劳和汗水为深圳市，乃至广东省、全中国的发展提供更坚实的智力支持。

2010级机电工程与自动化学院研究生汪榕标在发言中代表全体学子表达对母校建院十周年的衷心祝福。他代表莘莘学子郑重承诺,全体学生一定秉承"规格严格,功夫到家"的哈工大校训,发扬深圳精神,用优异的成绩创造精彩、回报母校、回报深圳、回报祖国!

白驹过隙,光阴荏苒。一批批哈工大人见证了深圳研究生院点点滴滴的成长变化。从昔日裸露的黄土地到今日壮丽的新校区,有的人将人生最美好的十年留在了这个校园,有的人怀揣着对北国工大的眷恋毅然来到了这荔香满园的南国鹏城。在主席台就坐的领导为工作满十年的教职员工和深圳研究生院首届毕业生代表颁发荣誉证书。

一批批哈工大人点亮了智慧的星光。为践行校训、成就梦想,深圳研究生院不断前行。今天,我们激情满怀,共邀盛举!今天,我们豪情万丈,壮志凌云!由深圳研究生院学生合唱团表演的合唱节目《智慧的星光》和《在灿烂阳光下》拉下了的第一个十年的序幕,揭开了第二个十年的精彩!

第二节　体制创新：从源头保证教学科研创新发展

一、成立院务工作委员会

2008年10月10日，深圳研究生院大胆改革，成立了院务工作委员会，作为学院审议和民主监督机构，其职责是为深圳研究生院发展和重大决策提供论证与提案、咨询与建议、监督与检查、促进与督办、宣传与协调，由深圳研究生院党委书记、团委书记、工会主席、纪检工作负责人、教师代表、教辅代表、行政岗位代表、女教职工代表、校友代表、民主党派代表、群众代表等15至17人组成。

第一届院务工作委员会的主任是胡泓，副主任是张敏，委员是宋申华、张东来、周超英、姚勇、滕军，秘书是方灵敏。发展至2010年，经过各学科部民主推荐，院务工作委员会增补了6名委员。

在"两级双体系"管理体制基础上，深圳研究生院建设形成了在理事会领导下的院长负责制，下设院长办公会、教授委员会和院务工作委员会，实行行政与学术分治，管理与监督并行，权责分明、相互促进，实现了依法办学、教授治学、专家治校，从源头保证教学科研创新发展。

院长办公会行使行政决策权和执行权；教授委员会把握学科特色与方向、学术规范与标准；院务工作委员会的宗旨是为学院领导机构的决策提供科学依据，发扬民主和集体智慧，建立科学决策的保障机制和民主监督机制。

管理人员实行全员聘用制和绩效考核体系下的分级管理、动态发展、优胜劣汰，为教学、科研提供优质的支持与服务平台。

二、三个办学平台发挥重要作用

办学十载,深圳研究生院逐步建立并完善的校企合作委员会、国际学术联盟、南北校区互动平台这三个办学平台,在教学、科研、国际合作等方面日益发挥越来越重要的作用。

校企合作委员会是搭建深圳研究生院与企业科学研究及学生培养全面合作的平台,在充分发挥学院科研实力优势的同时,为企业提供最新的科技信息和科研成果,促进高校科研成果商品化和产业化,协助企业解决生产过程中的技术与管理问题;增强企业的技术创新和市场竞争力;深圳研究生院也通过与企业的合作促进学科建设的发展,使教学、科研、人才培养更好地适应国家经济建设的需要和社会的需求。

国际学术联盟是深圳研究生院与国外高校、科研机构开展学术文化交流、创新人才培养的广阔平台。办学十载,国际学术联盟已覆盖五大洲的23个国家和地区,其中以美国、加拿大、英国、澳大利亚和中国香港地区的合作机构数量为最多,合作类型涵盖了学生培养、论文著作、科研攻关、国际会议、专家互访、交流讲座和联合授课等多个方面。

南北校区互动平台使深圳研究生院与校本部资源共享、相互支撑、共聚合力,建设创新型高等教育体系。

三、健全组织,组建学院

深圳研究生学科设置力求与深圳未来的科技、教育、文化和经济社会发展相适应,鼓励发展前沿学科与新兴学科方向,鼓励学科专业与深圳市重点发展的三大产业方向靠拢,鼓励学科间的交叉和融合,打破传统的学科条块分割,于2011年1月在原来8个学科部的基础上组建了计算机科学与技术学院、电子与信息工程学院、材料科学与工程学院、机电工程与自动化学院、土木与环境工程学院、城市规划与管理学院、基础科学与人文学院等7个二级学院,涵盖18个一级学科,以及10个全日制专业学位,通过设置研究中心作为基本学术单元开展科研工作。

二级学院为研究生开设体系完善、结构合理的课程,保证学生的知识结构在纵向上的专业性和横向上的互补性。教学方式上，二级学院大部分课程采用中英文双语授课或全英文授课，专业课与专业基础课使用国外一流大学原版教材。二级学院还开设创业工程学等实践类课程，全力培养学生的创新创业和独立思维能力。

（一）计算机科学与技术学院

学科设置为计算机科学与技术，充分发挥学科优势，力争成为计算机及信息技术领域科技创新和高层次人才培养的基地。研究领域包括人工智能、多语言信息处理、信息安全、网络信息处理、数据挖掘与商务智能、普适计算、图像处理、模式识别、生物特征识别技术等。

（二）电子与信息工程学院

学科设置为信息与通信工程、电子科学与技术，以现代通信和电子技术为主要研究方向，以国家重大需求为导引，开展通信理论及相关技术、先进光子科学的研究，开展医学图像处理芯片、多媒体视音频芯片和通信类芯片的设计与实现，完成新一代信息通信电子方向从理论到实践的全面研发。研究领域包括无线通信、卫星和深空通信、信号与信息处理、生物医学电子工程、高灵敏光谱检测技术、光子物理学、专用处理器芯片（包括医学图像、多媒体视音频）等。

（三）材料科学与工程学院

学科设置为材料科学与工程，创建具有世界先进水平和广泛应用前景的材料科学与工程研究平台，培养在材料科学与工程领域具有扎实理论基础和广阔国际视野的高素质、创新型专业人才。研究重点为面向新能源及信息技术领域，探索新型材料结构、表征材料微观结构与性能之间的关系。研究和开发支撑新能源及信息技术发展的新材料共性问题及制备技术。研究方向包括先进功能材料与器件、电子封装材料与微连接技术等。

（四）机电工程与自动化学院

学科设置为机械工程、电气工程、控制科学与工程、动力工程及工程热物理，立足深圳及周边地区的产业，特别是装备制造业和高新技术产业的快速可持续发展，为国家和企业提供项目研发和技术支持，为先进制造技术领域培养高级研究者、工程师和行业领军人物，并在相关领域成为国际知名的学术研究中心。主要研究领域包括先进设计与制造、光机电一体化、设备故障诊断与预测、电力电子与电力传动、风力发电与新能源、机器视觉和智能机器人技术、运动控制与现代自动化装备、流固耦合及噪声控制等。

（五）土木与环境工程学院

学科设置为土木工程和环境科学与工程，从事相关领域基础理论创新和重大工程应用研究，各研究团队具有多年的研究经验和合作基础，在国内外本领域享有较高的学术地位和影响，为国家培养土木工程和环境科学与工程方面的研究型和工程应用型高级人才。研究领域包括结构振动控制与智能监测、土木工程新型结构体系与抗灾性能设计、城市风灾与综合防灾减灾、土木工程新材料与智能材料、土木工程防灾减灾数字模拟与协同试验、软土与边坡防治、城市水资源与水环境、空气污染控制、环境生态修复、城市废弃物资源化等。

（六）城市规划与管理学院

学科设置为城乡规划学、建筑学、应用经济学、工商管理、交通运输工程、风景园林学、管理科学与工程，打破传统学科分类界限，整合7个一级学科协同发展，探索新型交叉学科的发展模式。以建设国际一流水平的开放式研究平台为目标，引进国际前沿理论，采用先进的研究方法和应用技术，面向民生服务，为城市规划设计、景观规划设计、交通运输工程与管理、经济与金融政策的制定、金融市场的发展及企业管理和创新等提供理论和实证依据，培养理论与实践兼顾的复合型人才，推动相关领域的发展。

（七）基础科学与人文学院

学科设置为数学和力学，并承担公共课教学，以基础课教学和基础交叉研究为主要任务，侧重数学与力学、物理的交叉以及理科与工程学科的交叉，打造国内外知名的基础科学教研基地，用基础科学的原创性优势推进工业工程领域的技术进步和产业发展，解决工程中的实际问题；研究领域包括微、纳米尺度力学、高温材料力学、非均匀及多功能材料力学、生物力学、面向实际应用的微分方程研究、时间序列分析等。

四、逐步完善行政体系

2010年2月27日，经院长办公会研究决定，对深圳研究生院领导班子成员及分工，行政机构及工作职责进行了调整。深圳研究生院常务副院长金广君主持全面工作，分管组织人事处、财务办公室；副院长张敏分管党群综合办公室、学生发展处；副院长刘红军分管科技发展处、国有资产管理处；副院长韩喜双分管院办公室、培训中心、网络信息中心；聘任周超英为副院长，分管学生培养处、国际办公室。

在行政机构方面，原"人事处"更名为"组织人事处"；组建"党群综合办公室"，负责党建、党校、宣传、工会、纪检、统战等工作。

同年3月10日，经院长办公会研究决定，对部分行政机构名称及职能进行了调整。原"学生培养处"更名为"教务处"；原"财务办公室"更名为"财务处"；原"学生发展处"更名为"学生发展处（部）"；原"国际办公室"更名为"国际合作处"。

同年11月25日，经院长办公会研究决定，对部分内设机构及工作职能进行调整。成立继续教育学院，撤销培训中心；原"网络中心"更名为"网络与计算中心"。

至此，深圳研究生院组建了9个行政部门和2个直属单位，共计11个内设机构，具体职能如下：

（一）学校办公室

调查研究、发展规划；督促检查、催办落实；统筹协调、组织实施；安排与协调接待工作，负责车队管理工作、文印工作、文秘工作、政研工作、督办工作、信息工作、机要工作、外联工作、综合工作、统计工作、信访工作等。

（二）党群综合办公室

党建工作、宣传工作、党校工作；纪检监察工作；统战工作；精神文明建设工作；校园文化建设工作、思想政治教育工作；工会工作、计划生育工作；教代会工作；校友会工作；校务工作委员会相关工作等。

（三）教务处

学籍与成绩管理；教学组织与考核；教务与网络管理；培养与学位管理；本科教学体系建设与管理工作等。

（四）科技发展处

科技发展规划编制工作；学科建设和实验室建设工作；科技项目申报管理、

校企合作科研项目审批管理；科技成果统计、管理和推广；实验室项目论证、申请和管理；科技档案管理；学院内各中心、实验室评审工作等。

（五）国有资产管理处

公用房管理和维护；新改建扩建建筑申报、验收；公用房屋分配；各类公用房使用情况的监督检查工作；综合档案管理工作；安全保密工作；协调学院与深圳大学城后勤管理等工作。

（六）组织人事处

各单位编制核定；岗位设置与聘用；人才引进与培养；博士后招收与管理；薪酬福利、社会保险；教职员职务晋升、考核与奖惩；岗位培训；中层领导班子和干部队伍建设工作；任免中层干部的相关组织工作；中层管理干部聘任、考核及岗位目标进度检查、推动等。

（七）学生发展处（部）

本、硕、博招生宣传、录取；毕业生就业指导、毕业派遣、就业跟踪反馈；学生党团工作，学生思想工作、心理健康、学生稳定和安全工作；学生评优奖励、学生会管理、学生社团管理等。

（八）国际合作处

国际合作与学术联盟；国际事务管理；外籍教师引进和管理；海外招生宣传和留学生管理等。

（九）财务处

年度财务预决算；对外各种经济事务处理；日常财务管理等。

（十）继续教育学院

非全日制学位教育；继续教育和各项短期培训工作等。

（十一）网络与计算中心

网站建设与维护；电教设备的管理与维护；网络办公系统；网络技术管理及对外宣传交流等。

第三节　优化架构：党建工作质量不断提升

2010年3月16日，经哈工大团委研究决定，同意成立中国共产党青年团哈尔滨工业大学深圳研究生院委员会。于伟担任深圳研究生院团委书记。

同年5月7日，按照《中共哈尔滨工业大学基层委员会工作条例》的有关规定，经哈工大党委常委会议决定，成立中共哈尔滨工业大学深圳研究生院委员会。张敏担任深圳研究生院党委书记。

一、成立教职工党支部

深圳研究生院党委自成立以来，紧密围绕哈工大党委的工作重心，在全面推进学院建设发展进程中，充分发挥思想引领、组织监督和支持保障作用。

随着办学不断发展，为了更好地开展党建工作，深圳研究生院党委对教职工党支部的组织结构进行了调整，将原有的2个教职工党支部按照单位属性和工作职能调整为2个行政党支部和5个教师党支部，有力完善了深圳研究生院基层党建工作机制，让党建与各单位业务体系紧密结合、互相支撑，为深圳研究生院党员队伍的生机活力提供重要保障。

明方向、定抓手、看成效。深圳研究生院党委坚持不断改进工作方式方法，通过党员信息库建设与维护、党校课程体系和考核办法改革等各种方式，对党务工作的人员结构、组织程序、信息管理和信息渠道等进行优化。

2008至2012年，深圳研究生院共发展学生党员653人、转正444人；组织全体教职工党员和学生党员收看了党的十八大开幕式，各教职工党支部深入学习、贯彻落实党的十八大精神；组织党委委员、各支部委员、党务工作部门、学生党建工作负责人集中学习和交流经验；以"纪念建党89周年""学习贯彻十七届五中全会精神""学习中共哈工大第十一次代表大会报告"为主题组织了专题组织生活会；组织《中国共产党普通高等学校基层组织工作条例》的专题培训，全体教职工党员干部学习《党章》；纪念建党90周年电影展播活动、纪念建党90周年党史知识展等各类丰富多彩的党建活动。

二、其他党团工作

纪检工作方面，按照哈工大纪委的工作要求，深圳研究生院党委制定、撰写了《哈尔滨工业大学深圳研究生院学习实践科学发展观整改落实情况自查报告》《哈尔滨工业大学深圳研究生院学习实践科学发展观活动整改落实工作小结》《哈尔滨工业大学深圳研究生院党风廉政建设责任制实施办法》《哈尔滨工业大学深圳研究生院党风廉政建设制度》及《〈中国共产党党员领导干部廉洁从政若干准则〉贯彻执行情况专项检查工作深圳研究生院自查报告》，并从组织领导、自查自纠、督查整改几个方面对深圳研究生院廉政工作进行了梳理汇报。

统战工作方面，深圳研究生院党委对教职工中民主党派成员情况进行了一次摸底，初步了解了各党派在学院教职工中的成员分布情况。在各党派发展成员期间给予考察和政审。组织各民主党派成员参加新春茶话会、共叙深圳研究生院发展。

工会工作方面，在深圳研究生院党委的领导以及各单位的大力支持下，工会坚持贯彻全国总工会工作总目标和全心全意依靠广大教职工办学的方针，紧紧围绕哈工大创建世界一流大学的中心任务，始终坚持服务大局，突出维护职能，积极开展工会工作。

深圳研究生院的教职工俱乐部在大学城运动会中成绩卓著，女子瑜伽俱乐部得到了广大女性教职工的青睐，太极俱乐部、网球俱乐部、游泳俱乐部吸引了一大批热爱健康、热爱传统文化的同事参与。每年一次的教职工旅游为广大教职工提供了开阔视野、促进交流的平台，深得深圳研究生院教职工欢迎。

每年的工会评奖评优备受教职工关注，工会本着公平、公正、公开的原则，以民主推选的方式在全院范围内开展评奖评优工作，向校本部申报了各年度的"三育人"先进个人、先进团队和先进集体；工会系统的先进工作者、工会积极分子和先进集体；各年度的三八红旗手和标兵、三八红旗集体等。

第四节　补充提高：从"筑巢引凤"到"引凤筑巢"

从"筑巢引凤"到"引凤筑巢",十年的坚定,栽下了一棵名副其实的"凤凰树"。

一、建立国际化特色突出的教师队伍

深圳研究生院坚持"不求所有,但求所用"的优秀人才资源共享理念,利用深圳毗邻香港的地理优势,形成了以全职教师为核心,校本部双基地教师为依托,特聘教授和访问教授为重要补充,博士后为师资储备,具有国际化特色突出、负有创新实干精神的师资团队。

深圳研究生院采用与国际接轨的教师职务评价及晋升机制,评价教师以学术为根本,以教学、科研、人才培养质量和社会服务工作业绩为基础,采取以岗定薪、岗变薪变的灵活用人机制。

围绕创建国际化、高水平研究生院的办学目标,深圳研究生院不断加大海外师资的引进力度,具有海外留学及工作经历的全职教师比例达69.03%。截至2012年底,深圳研究生院的教师队伍近300人。全职教师152人,其中教授47人、副教授73人、助理教授32人,专业课教师(不含英语课教师)的博士化率100%；非全职教师146人,包括校本部双基地教师61人,国(境)外特聘教授和访问教授54人,国内兼职教授31人。

重视对青年骨干教师的培养,激励优秀拔尖人才脱颖而出,并实质性地共享海内外优质教师资源。截至2012年底,深圳研究生院引进中组部"千人计划""青

年千人计划"入选者7人,教育部新世纪优秀人才支持计划13人,深圳"鹏城学者"8人,深圳"孔雀计划"22人,被认定为深圳市各级别的高层次人才94人。

二、建立博士后科研实践基地

2008年10月21日,哈工大下发了《关于哈尔滨工业大学深圳研究生院设立博士后科研基地的批复》:经黑龙江省人事厅(黑人发〔2008〕159号)批准,同意在深圳研究生院设立博士后科研基地。博士后科研基地的设立,将进一步促进深圳研究生院的博士后工作高效、持续发展,对加速高层次科技创新人才为地方经济服务,具有重要意义。

在此后的多年中,深圳研究生院高度重视博士后的引进和培养工作,积极探索"校企合作"创新型博士后工作机制,于2011年在深圳市15家企事业单位设立博士后科研实践基地,成为我国高等院校在深圳市企业批量设置博士后科研实践基地的先行者,标志着深圳研究生院已具有独立开展博士后的

博士后科研实践基地揭牌仪式

招收、培养、考核、出站等一系列管理工作职能。

博士后科研实践基地是在校企合作平台的基础上，与部分优质的长期合作企业间建立的一种深度合作机制，是双方在高层次人才培养、加深全方位合作上的重要举措。在这些基地中，博士后承担的一批研究课题达到国内甚至国际先进水平，为提高企业核心竞争力以及地方产业升级和转型、经济和科技快速发展提供技术支撑和科技咨询。

2011年6月，中央电视台《焦点访谈》栏目以深圳研究生院与深圳先健科技有限公司合作培养博士后工作为例，对校企合作培养博士后工作对深圳市高新技术企业自主创新和产业升级做出的重大贡献做了专题报道。作为校企联合培养的博士后，申峰负责研发的"生物可吸收药物洗脱血管支架"和"药物洗脱球囊"项目市场价值极大，预计每年能为公司分别带来5亿和1.5亿的销售增长，被作为代表性技术亮点在庆祝深圳经济特区建立30周年系列活动中向胡锦涛总书记汇报。

2012年，深圳研究生院在站博士后85人，其中校企联合招收博士后39人，占在站博士后人数的45.9%。截至2012年底，深圳研究生院累计与深圳市25家高新技术企业开展博士后培养工作，博士后留深工作比例为56%。

第五节　注重质量：分类培养成效显著

作为我国国内最早推广"校企联合培养"的学校之一，深圳研究生院在研究生分类培养改革方面积累了不少宝贵经验，为国家培养了大量国际化创新型人才。

一、加强南方地区重点高校招生宣传力度，持续提高影响力

根据哈工大对深圳研究生院的整体定位和发展目标，深圳研究生院招生目标旨在吸引南方地区重点高校的优秀本科生，与校本部形成资源互补形势。深圳研究生院除充分利用和整合各种宣传资源，构建学院、教师、在校生、校友等多层面的招生宣传体系外，还针对南方高校的重点学科和优势学科，广泛调动各学院参加招生宣传活动的积极性，组织教师分别赴湖北、湖南、四川、重庆、江西、福建、云南、贵州、广州等地召开研究生招生咨询会。深圳研究生院大胆尝试采取"校际交流＋招生宣讲"的形式，提高了哈工大在南方地区的知名度，吸引了一批优秀的南方生源。

2011年9月22日至23日，深圳研究生院党委书记张敏带队，学生发展处（部）、科技发展处及各学院相关工作人员一行9人赴云南大学和昆明理工大学开展招生宣传活动。这是深圳研究生院首次深入西南地区重点高校进行招生宣传，在开拓更广阔的南方高校生源市场的同时，也在科研合作、学生培养与发展等方面加强与西南地区高校的合作伙伴关系。

2012年10月10日，深圳研究生院党委书记张敏，计算机科学与技术

学院院长王轩、机电工程与自动化学院院长李兵、土木与环境工程学院院长金文标、材料科学与工程学院副院长刘向力、基础科学与人文学院副院长赵毅、电子与信息工程学院助理教授吴绍华、城市规划与管理学院助理教授刘堃等与学生发展处（部）工作人员一行赴广西大学开展招生宣传活动。这是深圳研究生院首次到广西地区唯一的"211 工程"建设高校进行校际交流和招生宣传活动。

2012 年 10 月 11 日至 12 日，学生发展处（部）处长俞晓国、土木与环境工程学院院长金文标、材料科学与工程学院院长李明雨、计算机科学与技术学院副院长王鸿鹏、电子与信息工程学院副教授杨彦甫、城市规划与管理学院助理教授刘堃、基础科学与人文学院师资博士后邓宇辉一行赴厦门大学举办了招生咨询会，并对推免生进行了面试。访问期间，俞晓国一行与厦门大学研究生院相关部门进行了座谈。

在促进高校合作交流的同时，深圳研究生院硕士研究生统考报名人数由 2006 年的 170 人增至 2012 年的 1 396 人。2012 年，深圳研究生院接收的西南地区推免硕士研究生数量是 2006 年的 18 倍，录取的南方硕士研究生生源数量是 2006 年的 3.4 倍。

二、稳步推进研究生分类培养体制改革

2012 年，深圳研究生院在校生达到 3 100 人，其中全日制学生 2 592 人（硕士生 2 005 人、博士生 437 人、本科生 150 人）、非全日制学生 508 人（工程硕士 455 人、公共管理硕士 53 人）。

早在建院之初，深圳研究生院就大胆尝试研究生培养模式改革，经过十年办学发展，逐步探索并形成了校企联合培养、国际联合培养、实验室培养这三种不同的学生培养模式，推进研究生分类培养体系改革，因材施教、双向选择、分类培养。在分类培养的框架下，有别于传统的"学术研究型"，深圳研究生院针对应用研究型研究生培养建立了学校导师和企业导师共同培养的双导师制，以便促进理论与实践紧密结合。

2010 至 2011 年，深圳研究生院通过采用国际通行的学分制，实现与合

作高校间学分互认、课程共享，逐步建立与国际接轨的教学培养体系和评价体系。2010年，深圳研究生院正式启动本硕联合培养项目，与美国凯斯西储大学、亚利桑那州立大学等著名高校签订了"3+2"本硕联合培养协议，基本形成了本硕博多层次人才联合培养体系。

为了适应研究型大学创新型人才培养的要求，结合工程教育改革与人才培养模式改革，探索进行学术研究型和应用研究型的研究生分类培养，根据不同的培养类型制定相应的培养目标与培养方案。在着重培养应用研究型人才的校企合作培养模式下，学生在完成基础理论学习后，可自主选择各类研究基地进行进一步的科研学习，在学院与企业双导师的指导下，一边夯实学科理论基础，一边投入大量的时间直接参与到企业的科研工作中去，取得了良好的学习效果。

截至2012年，深圳研究生院硕士研究生开课门数增加到225门，在专业课程上坚持采取英文与双语授课并用的方式，英文授课的课程比例为35.42%，双语授课的课程比例为60.98%。硕士生培养模式改革进一步深化，对15个工学门类一级学科实施"学术研究型"和"应用研究型"分类培养。在2011级、2012级硕士生中实施"应用研究型"培养模式的学生比例为29.17%和28.92%。

在博士研究生培养方面，修订完善各学科博士生培养方案，采取了一系列措施提高博士生的培养质量，如：增加博士研究生培养过程预警，博士生年限满3年，提醒其对自身修课情况进行自查，避免出现申请答辩时发现学分未修满的情况；增加预答辩前审查程序，在博士生预答辩前，增加了申请者的导师及所在学院对申请者学分及发表文章的审查程序；建立博士生淘汰机制；提高博士生补助津贴等。

三、人才培养质量得到用人单位广泛认可

自2001年开始招收全日制研究生以来，深圳研究生院累计培养了9届3 800余名研究生，毕业生年均留深就业比例为62%，以高新技术企业研发岗位为主，包括腾讯公司、中兴通讯股份有限公司、华为技术有限公司、

艾默生（中国）等。2012届毕业生共计617人，其中硕士研究生568人，博士研究生49人，从就业区域来看，深圳49%、北京14%、上海5%、其他32%；从就业单位来看，知名企业66%、科研单位18%、升学9%、事业单位3%、其他4%。

2010年5月22日，《光明日报》头版通讯文章《8个企业抢一个毕业生——来自哈工大深圳研究生院的报告》报道了深圳研究生院吸引海外高水平人才、打造国际化师资队伍，以及通过与国际接轨的教学培养体系和校企合作平台培养一流人才的办学经验，引发了社会各界的广泛关注；6月3日，《深圳特区报》整版报道《大胆创新迈向"高精特"研究型大学》，展现了深圳研究生院在校本部的支持下，自主创新走出的办学新路，对深圳市高等教育跨越式发展、区域经济腾飞做出贡献的风采。

四、以"全人发展"理念培育时代栋梁

在为学生夯实专业基础和科研功底的同时，深圳研究生院十分重视学生综合素质的培养，以"全人发展"为教育理念，在传授科学文化知识的同时，着力培养具备创新、自立、合作精神的时代精英，鼓励他们服务大众，回馈社会。

深圳研究生院重视每个学生的天赋和个性发展需求。深受学生喜爱的辩论赛、演讲比赛、主持人大赛、文艺晚会、体育文化节及名家讲座等校园文化活动，为他们提供了展示才华、成就自我的舞台。

深圳研究生院重视学生的人文素养和领导能力。已成长为深圳文化品牌的自然工作室、音乐协会、科技协会、义工联合会、就业协会等各类学生社团，为学生在课堂学习之外拓展了一片全新的天地。从这里走向社会的毕业生已在各个领域显现出卓尔不群的实力。

深圳研究生院鼓励学生走出校园、服务社会，让他们在企业和政府的实际工作中得到真正的锻炼。支持他们参与各类志愿者团体，用自己的学识全心全意回馈社会。

2010至2011年，深圳研究生院开展了体育文化节、校园歌手大赛、校史院史知识竞赛等活动，丰富和活跃校园文化氛围；大力弘扬义工精神，开展环

光明日报

GUANGMING DAILY

2010年5月22日　星期六

光明网网址：http://www.gmw.cn

胡锦涛会见瑞典国王

胡锦涛总书记作出重要指示
大力宣传龚曲此里同志的先进事迹
李长春会见龚曲此里同志先进事迹报告团成员

光明聚焦

网络文化系列报道之八

网友呼吁：对社会负责 对自己负责

网络文化应是传统文化新发展

建设网络文化应着力塑造理性网民

8个企业抢一个毕业生
——来自哈工大深圳研究生院的报告

专家学上：一流团队花落深圳

国际体系造就一流人才成长空间

世博会中国馆观众如织

温家宝将对韩国、日本、蒙古国和缅甸进行正式访问并出席第三次中日韩领导人会议

新疆今年高考招生逾10万人
区外院校招生计划较上年增加近8000名

导　读

2版　吸引优秀学生　各校有各校的高招

2010年度国家古籍整理出版资助项目公示

5版　美国试射空天飞机　太空军事化成隐忧

6版　龚曲此里先进事迹报告会发言摘登

8版　日本首个金星探测器"晓"号升空

《光明日报》头版报道《8个企业抢一个毕业生——来自哈工大深圳研究生院的报告》

保宣传、助老扶幼等义工活动,走进居民社区活动;举办名企中国行系列活动,拉近与知名企业的距离,加深了在校生对企业、社会的了解。深圳研究生院专门开辟了以文化交流与鉴赏为主题的"荔园飘香"校园文化建设专题网,介绍中国传统文化、异域文化,是深圳研究生院校园文化建设的一道亮丽风景。

2010年是哈工大建校九十周年,也是深圳研究生院建院的第八个年头。3月,深圳研究生院成立了校庆工作领导小组,启动了迎90周年校庆系列活动,陆续举办了名家专题讲座、辩论赛、校园歌手大赛、校园电子竞技大赛等丰富多彩的学术活动和文体活动。6月6日,深圳研究生院举行了"哈工大90周年校庆深圳研究生院8周年院庆暨第七届荔枝节文艺晚会",把校庆系列活动推向了高潮。校庆活动期间,包括《光明日报》《深圳特区报》等在内的多家报刊媒体上均对深圳研究生院做了专题报道,充分展示了哈工大在深办学8年来的成绩和风采。

2011年,第26届世界大学生夏季运动会期间,深圳研究生院210名赛会志愿者、5名大运会礼仪志愿者及21名教师志愿者为比赛以及世界大学校长论坛提供了优质的志愿服务。深圳研究生院紧抓从筹备到服务的每个环节,认真组织志愿者选拔、培训,建立规章制度,重视会前演练培训、联调测试。团队还通过搭建"志愿者之家"网站、创作深圳大学城体育场U站之歌《因为U我》、编辑大运志愿者简报(U报)等手段打造了志愿者服务的文化特色,由深圳研究生院青年教职工周阳创作的歌曲《因为U我》成为深圳市南山区唯一独创的大运会音乐作品,凸显了深圳研究生院志愿者团队不一样的风采。深圳研究生院志愿者团队的精心服务赢得了参赛队伍与赛事媒体的一致好评,并获得了"深圳市教育系统迎大运UU五色花活动先进集体"、大运会南山赛区先进单位"优秀奖"、大运会志愿者服务工作"优秀组织单位"等光荣称号,一大批表现出色的教师与学生志愿者也得到了各级表彰。

继成功研发考古机器人以及在全球"第四届国际微机器人竞赛"中获得1金、5银、2铜及一项特别奖的骄人战绩后,深圳研究生院在机器人研发领域又添新篇章。2011年5月5日,"哈尔滨工业大学深圳研究生院机器人奥林匹克创新基地"成立,充分延续哈工大在机器人研发品牌方面的优势,利用深圳当地资源,对仿人机器人进行更深层次的研发和创新,这标志着深圳研究生院机器人的研发工作又迈上一个新的台阶。7月24日，深圳研究生院的学生参加了"林海雪原杯"第十三届全国机器人大赛暨2011年FIRA世界杯机器人大赛中国队选拔赛，取得了击剑和点球一等奖、短跑二等奖、跆拳道和摔跤三等奖的佳绩。

2012年，深圳研究生院成立十周年，举办了院庆倒计时100天活动、校史院史竞赛、校园辩论赛、"同一首歌"主题歌会、十周年院庆晚会、国际高等工程教育论坛等系列庆祝活动。

年内，深圳研究生院举办了首届青年学生领袖训练营，采取专题讲座、交流座谈、拓展训练及实地调研等形式，从校风校史、党团知识、领导才能、沟通协作等角度引导当代研究生树立求实意识、创新意识和责任意识，提高学生干部的综合能力，共举办国庆暨迎新晚会、圣诞舞会、逆时针歌会、体育文化节、辩论赛、歌手大赛等文体活动52项；深圳研究生院团委在"共青团广东省委员会创先争优服务大运"表彰活动中，荣获广东共青团"创先争优 服务大运"五四红旗团委称号，这是自建院以来首次被授予省级共青团先进表彰称号。

截至2012年，深圳研究生院设有包括研究生会、义工联合会、自然工作室、就业协会及各类体育协会在内的文体教育、科技实践社团15个，创办《荔园学子报》，旨在广泛宣传党的教育方针，集中报道展示深圳研究生院学子风采。

在志愿者服务方面，截至2012年年底，深圳研究生院共有注册义工563人，平均每5.6名在校生中就有1名志愿者。2012年11月，义工联组织86名青年志愿者为第14届中国国际高新技术成果交易会提供志愿服务，这是建院以来参与高交会志愿服务人数最多、规模最大的一次活动，也是服务高交会学历层次最高的志愿者服务团队。

第六节 稳步提升：科学研究蓬勃发展

一、创新载体数量稳步提升

十年来，深圳研究生院不断加强创新载体的培育和建设，重视结合深圳市重点发展的生物、互联网、新能源、新材料、文化创意和新一代信息技术等六大战略性新兴产业进行项目申报，包括产业工程实验室／公共技术服务平台立项4项（超高速大容量光通信关键技术产业公共服务平台、移动互联网应用产业公共服务平台、短距离无线互联应用产业公共服务平台、深圳柔性透明导电膜材料工程实验室），深圳市实验室组建类项目获批2项（深圳城市规划分析与决策仿真实验室、深圳市互联网信息协同技术与应用重点实验室）。

截至2012年底，深圳研究生院拥有创新载体数量达21个，深圳市重点实验室12个（含筹建中的国家级重点实验室3个）、工程实验室4个、公共服务平台5个，学科发展呈现出多方向多领域交叉的趋势，具体如下：网络环境智能计算重点实验室、新材料技术重点实验室、先进制造技术重点实验室；深圳市数字化制造技术重点实验室、深圳市城市与土木工程防灾减灾重点实验室、深圳市风力发电新能源装备和智能电网重点实验室、深圳市先进运动控制技术与现代自动化重点实验室、深圳市物联网终端关键技术重点实验室、深圳市医学数字影像技术和远程医疗重点实验室、深圳市水资源利用与环境污染控制重点实验室、深圳市城市规划分析与决策仿真重点实验室、深圳市互联网信息协同技术与应用重点实验室；深圳市风环境技术工程实验室、深圳互联网多媒体应用技术工程实验室、深圳无线泛在网络应用工程实验室、深圳柔性透明导电膜材料工程实验室；深圳超高速大容量光通信关键技术产业公共服务平台、深圳移动互联网应用产业公共服务平台、深圳短距离无线互联应用产业公共服务平台、深圳市网络信息处理公共平台、深圳市城市废弃物能源再生公共技术服务平台。

截至2012年，深圳研究生院整合、组建了26个研究中心，汇聚了各学科的高素质专业人才，在学科交叉、渗透的优势环境下拓展创新思路，承担着国家及深圳市各重点研究领域的多项科研任务，具体如下：智能计算研究中心、计算机应用研究中心、网络计算研究中心、生物计算研究中心、创新信息产业研究中心（筹建）、通信工程研究中心、微电子技术研究中心、先进设计与制造技术研究中心、光机电一体化技术研究中心、电力电子与电力传动研究中心、风力发电与自动化研究中心（筹建）、流固声耦合及控制研究中心（筹建）、桥梁与结构工程研究中心、城市与土木工程防灾减灾研究中心、结构与岩土工程研究中心、环境科学与工程研究中心、城市与建筑设计研究中心、城市与景观规划研究中心、城市应急管理与交通安全研究中心（筹）、工商管理研究中心、应用经济与金融研究中心、先进功能材料与器件研究中心、微电子封装材料与技术研究中心、工程力学研究中心、应用数学研究中心、北美研究中心（筹建）。

二、累计到账科研经费4.2亿元

2008年，深圳研究生院获得国家级项目20项，其中国家自然科学基金资助项目14项；申请专利31项，获得授权专利6项；横向课题99项；到账科研经费3 166.4万元；发表论文384篇，其中在核心期刊发表论文269篇，四大检索论文186篇。

2009年，深圳研究生院获得国家、省部级项目36项，其中国家自然科学基金资助项目17项；深圳市科技计划项目30项；专利15项；科研经费到账5 149万元；教师在核心刊物发表论文716篇，三大检索文章563篇。根据国家自然科学基金委员会公布项目评审结果，深圳研究生院申报项目60项，获批17项（包括重点项目1项），资助率高达28.3%。此次获批项目覆盖信息科学、工程与材料科学、化学科学、数理科学等多个学科领域，充分显示了深圳研究生院的学科发展优势以及与深圳市产业化发展紧密结合的良好趋势。

2010年，深圳研究生院获国家、省部级项目42项，其中国家自然科学基金资助项目19项；同时，深圳研究生院通过"校企合作委员会"这一平台，与珠三角地区乃至全国的企业建立战略合作关系，年内承担校企合作横向项目101项；科研项目经费总计6 603.7万余元；教师发表文章774篇，其中三大检索文章651篇，核心期刊文章719篇；申请专利65项，获授权专利25项；获省部级奖项2项。

2011年，深圳研究生院科研项目到账经费11 710.439 8万元，其中纵向经费7 657.05万元，横向经费4 053.389 8万元；获国家自然科学基金资助项目37项，获资助资金共计1 445万元；发表核心刊物文章701篇，其中三大检索文章583篇，占论文总数的83%，其中在钢－混凝土组合结构方面的10项最新研究成果填补了国内相关研究方向的空白，对解决钢－混凝土组合结构在实际应用中发现的部分技术难题起到关键作用，被中国科技核心期刊《建筑钢结构进展》2011年第1期以全版专辑介绍的形式推出；有关单原子层及几个原子层厚度的氮化硼纳米晶体制备的研究成果被国际纳米技术和材料科学领域的主流杂志《纳米技术》（Nanotechnology）第22期选为封面文章及亮点文章。

2011年，以"哈尔滨工业大学深圳研究生院"为专利申请人的专利申请58项（其中发明专利45项），授权专利43项（其中发明专利25项）；获中国机械工业科学技术奖一等奖1项，黑龙江省科学技术奖项发明类一等奖1项，黑龙江省科技厅自然科学奖一等奖1项，黑龙江省教育厅自然科学奖一等奖1项。

2012年，深圳研究生院科研项目到账经费16 169.01万元，其中纵向经费占总经费的83.13%；获得立项总数为271项，其中获纵向课题165项（其中自然科学基金项目34项）；2名教师获得首批国家基金委"优秀青年科学基金"资助，成为深圳市唯一拥有"优青"资助的单位；获横向课题106项。以上所立项目覆盖信息科学、工程与材料科学、化学科学、数理科学等多个学科领域，体现了深圳研究生院学科发展与深圳市产业化发展紧密结合的趋势。

2012年，教师发表论文被SCI收录207篇，EI收录555篇，其中宋清海教授为第一作者的论文《引导混沌漫射进入光波导——一种有效地采集微腔出射的方法》，被《物理评论快报》正式收录，这是该期刊首次收录深圳科研工作者为第一作者的文章。另外，获授权专利54项（其中发明专利41项），获软件著作权8项。

三、推动国家科技进步

创办十年来，深圳研究生院致力于推动科技进步与创新，积极拓展知识和科研领域，为社会经济发展及科教兴国事业贡献力量。

（一）INSUN 手机智能拼音输入的开发与研制

深圳研究生院的智能计算研究团队开创了文字输入的新时代。由计算机科学与技术学院教师王晓龙、王轩创建的第一代"微软拼音输入法"家喻户晓，如今又将目光瞄准手机键盘中文拼音输入领域，研究开发了INSUN手机智能拼音汉字输入法。这种输入法巧妙克服了普通手机按键个数的限制，可以有效消除键位歧义、拼音组合歧义、同字多音歧义，除适合手机用户使用外，还可以推广到多种配备数字键盘的智能信息设备中。

（二）"水立方"结构健康检测

在大跨桥梁、高层建筑及大型建筑的"结构健康检测"领域，深圳研究生院的专业实力闻名遐迩。土木与环境工程学院教师滕军参与研发的"大型结构健康检测技术"应用于深圳市民中心、广州电视塔、深圳湾体育中心等项目，是工程项目建设和使用过程中消除工程事故的有力手段，为社会和企业带来了显著的经济效益和社会效益。2008年，该研究团队负责对北京奥运会标志性场馆"水立方"进行结构健康检测，确保了奥运会水上项目的顺利开展，并因此获得奥组委嘉奖。

（三）无人驾驶飞行器技术研发的突破性进展

机电工程与自动化学院教师朱晓蕊通过3年科学研究，解决了无人驾驶航拍的飞行器结构复杂性和飞行姿态控制难题。这项具有自主知识产权的技术应用于汶川地震的震区地貌航拍工作，为灾后重建工作提供了重要技术支持。在西藏地区进行的飞行测试中，课题组针对高海拔地区空气稀薄等恶劣气象条件，对无人直升机进行改进，成功完成了高海拔、高风速下的拍摄工作。

（四）生物识别技术助力临床检查和诊断

计算机科学与技术学院的生物识别技术联合实验室致力于人体生物学信息的量化采集和分析技术，卢光明将中医判断诊断所需的主观经验以生物信息数据库的模式固定下来，开发中医检查和诊断专家系统，推进中医客观化研究，成功实现自动舌像采集和分析系统、复合式压力脉象采集与分析系统以及面向疾病诊断的人体口腔气味监测与分析系统等项目的开发工作。针对公共安全和企业管理等领域的需求，他们研发了非接触式掌纹识别系统，实现了不需要接触即可快速准确地采集人体掌纹信息。

（五）遥控机器人探索古墓遗迹

古代墓葬环境异常复杂，有毒物质等潜在问题对考古人员的工作和人身安全提出了挑战。机电工程与自动化学院教师朱晓蕊带领的科研团队开发的"考古发掘现场智能预探测系统"使工作人员只需在考古现场外远程控制机器人，便可对墓葬进行探测。该研究成果受新华社报道并被超过50家媒体转载，中国国家博物馆副馆长董琦认为"这对中国考古探测技术水平的提高具有划时代意义"。

（六）面向深空探测的通信理论与关键技术

深空探测是人类探索宇宙及生命起源、演变、现状，扩展人类生存空间，开发、利用空间资源等活动的重要途径。为保障未来深空探测任务顺利实施，电子与信息工程学院教师张钦宇围绕面向深空探测的通信理论与关键技术，依托星际互联网的基本框架，引入中继协作机制解决深空环境的可靠通信问题，为我国未来星际互联网的规划设计以及深空探测计划提供重要的参考依据。

（七）新型月球车的成功研制

机电工程与自动化学院教师杜建军参与研发的6轮新型月球车，能够攀爬最大高度0.2米（大于车轮半径）的障碍物，并且能够通过0.3米宽的沟壑（大于车轮直径），行走速度为1.5千米/时。新型月球车可应用于"嫦娥"探月工程，还可用于危险地段勘探、军事作战等领域。

（八）国际微型机器人大赛获奖

在日本东京举行的第四届国际微型机器人竞赛中，深圳研究生院与台湾高雄应用科技大学共同组成的参赛队在全球200多支参赛队伍中脱颖而出,一举获得1金、5银、2铜及1项特别奖的骄人战绩,显示出在该领域中的强大实力。

(九)城市设计国际咨询项目问鼎

深圳研究生院城市与景观设计研究团队教师金广君、宋聚生、戴冬晖等精诚合作,以扎实的科研成果、活跃的创作思想和先进的设计理念,积极参与重大的城市设计国际咨询项目并屡获头奖,包括"重庆市西永副中心城市设计""青岛崂山区空间主轴线城市设计"和"沈阳市沈北新区道义地区发展规划"等国际咨询项目。学院承担的"重庆悦来国家生态居住示范区概念规划"以"水蕴山城"为主题,是中西部地区首个山地宜居生态示范区。

(十)特种材料连接技术的重大突破

在通信、医疗、航空与汽车等各类行业中,大量的仪器仪表、电气装备零部件的制备需广泛采用特种材料或功能材料,然而,如何连接这些材料历来是该领域的技术难题。材料科学与工程学院教师李明雨开发了以电阻热与超声复合加热互连技术为代表的特种连接技术,不仅使有效连接面积相比传统技术提升了40%,而且完好地保留了特种材料和功能材料所具有的优异特性,成功应用在相关产品的生产线上,具有广泛的社会应用价值。

四、服务区域经济社会发展

(一)政策咨询

2009年,深圳研究生院在对深圳及珠三角地区进行产业需求调研的基础上,不断加强和拓展"校企合作"平台建设,积极与企业合作研发项目,为企业解决技术难题,积极参与深圳乃至国家多个城市重大项目的咨询论证,如深圳河套地区规划、深圳市光明新区开发与规划、广州罗岗地区城市设计和重庆市两江四岸城市设计策划等项目,为区域城市与社会发展进步献计献策,做出了应有的贡献。

2010至2011年,深圳研究生院积极参与国家教育部、深圳市乃至北京、重庆、宁波等全国多个城市近50项重大项目的咨询论证,先后完成了《我国城市边缘社区的变迁与更新改造的社会优化整合策略的研究》(城市规划与管理学院教师马航)、《重庆市北碚区低碳生态城区规划建设框架研究》(城市规划与管理学院教师宋聚生)、《深圳火车北站房屋盖钢结构桁架应变检测》(城市规划与管理学院教师顾磊)、《深港财政合作支持前海科技服务体系》(城市规划与管理学院教师陆强)等项目研究。

2012年,深圳研究生院累计为深圳市政府各级部门和事业单位提供城市建设与政策咨询24项,服务对象包括了深圳市人大常委会经济工作委员会、发展和改革委员会、规划和国土资源委员会、盐田区信访局、龙岗区建筑工务局等各级政府部门,以及深圳市政府投资项目评审中心、深圳市政府发展研究中心等单位,服务内容涵盖了海洋产业建设、保障性住房建设、公共安全、城市污水处理、森林公园规划等多个方面;其中由深圳市科技创新委员会资助的"城市废弃物能源再生公共技术服务平台"在深圳研究生院国家科技重大水专项研究基地挂牌。该平台由深圳市能源环保有限公司与深圳研究生院联合共建,针对城市废弃物能源再生行业需求,提供分析测试、工艺设计、技术咨询和人员培训等技术服务,助推城市废弃物处理处置和生物质能源再生利用。

(二)继续教育

2009年,深圳研究生院工程硕士学位教育获得了长足发展,2008—2009年度共有在校生569人,开设了计算机技术、项目管理、电子与通信工程、机械工程、电气工程5个工程学科领域的61门课程,累计达2 360学时。深圳研究生院还面向国际、国内社会开展多种短期培训和高级研究班项目,为加拿大泛美联合会、韩国西江大学开设了经济管理与金融理财方面的研修课程,为遵义市、重庆市的公务员提供了政务信息规范与创新服务等方面的培训课程。

为了更好地向社会展示办学实力与特色,更好地为地方经济社会发展提供人才服务,开发多元化、国际化教育资源,深圳研究生院于2010年成立了继续教育学院,紧密把握人才需求动向,依托学院深厚的学术背景,凝聚国内外优质资源,以工商管理硕士、公共管理硕士、工程硕士等在职专业学位教育为基础,以企业紧缺人才培训、新技术前沿培训、党政干部培训为特色,以国际合作培训、交流考察及对外汉语培训为延伸,开展在职学位学历教育并提供各类短期培训服务，促进产学研深度结合，致力于打造成干部培训高校基地、重点产业发展紧缺人才培训基地、国际人才交流培养基地，于年内为全美洲大学校级联合会开设了工商管理硕士研修班，为鄂尔多斯和深圳市公务员提供了综合素质提升、城市管理、团队协作等方面的课程和培训。

2011年，深圳研究生院共组织了9批次的各类短期培训班，为2 000余人提供了继续教育服务，还开设MPA、MBA、EMBA等的非全职专业学位课程，为有此需求的社会人士提供提升的空间与平台。

2012年，深圳研究生院进一步强化为深圳市建设创新型城市贡献力量的责任意识，与政府、企业等有关部门加强合作，着力培养能够满足深圳市发展需要的领导干部、管理人才和工程技术人才，为深圳市各政府单位及企业累计培训人数达2 380人，累计培训课时达575课时。

第七节　积极引导：国际合作初见成效

国际学术联盟是深圳研究生院与国外高校、科研机构开展学术文化交流、创新人才培养的广阔平台。截至2012年，国际学术联盟已覆盖五大洲的23个国家和地区，其中以美国、加拿大、英国、澳大利亚和中国香港地区的合作机构数量为最多，合作类型涵盖了学生培养、论文著作、科研攻关、国际会议、专家互访、交流讲座和联合授课等多个方面。通过国际学术联盟开展境外联合培养学生是深圳研究生院独具特色的培养模式之一。学院全职导师和境外导师采取多种合作形式培养研究生，分别与加拿大、日本、韩国、荷兰等国家联合培养了百余名优秀学生。

2009年，深圳研究生院依托国际学术联盟平台，积极拓展国际学术交流与合作，与挪威的耶维克大学和泰勒马克大学、韩国居昌大学以及日本京都纳米环境集群中心签署了学术交流协议和合作备忘录，进一步扩充国际学术联盟的成员队伍；主办和承办包括第二届世界知识城市峰会在内的多场国际学术会议，并邀请来自境外的多位知名学者举行了48场学术讲座，提高了深圳研究生院师生的专业素养，开阔了他们的国际视野；还与海外院校开展了形式多样的交流与合作，不仅与日本、美国、英国、澳大利亚等国高校联合培养硕士生与博士生，还为深圳研究生院学生提供到加拿大、荷兰等国进行短期交流访问的机会，同时也接收韩国等国家的来华交换生来深圳研究生院学习，累计输送了30名硕士生和博士生到美国、加拿大、英国、日本、韩国等9个国家和地区参与国际合作培养项目，项目形式包括学位攻读、联合培养与短期交流等。

2010年，深圳研究生院正式启动与世界著名大学开展的本硕联合培养项目，与美国凯斯西储大学、亚利桑那州立大学等著名高校签订了"3+2"本硕联合培养协议，这标志着深圳研究生院的国际联合培养范围将涵盖本科、硕士和博士，人才培养标准将向国际一流水平靠拢；派出了11名硕士生和15名博士生前往美国加州大学伯克利分校、佐治亚理工学院、英国剑桥大学、新加坡国立大学等世界名校学习深造；深圳研究生院还与荷兰的代尔夫特理工大学、欧洲城市网络学院、荷兰下一代基础设施基金会以及南山区科技局共同签署了五方合作备忘录，各方将在城市生态环境建设、基础建设和城市可持续发展等方面展开多方位、高层次的合作。

2011年，深圳研究生院共邀请境外学者来院讲座38次、授课6门，与境外学者联合发表论文28篇，参加国际学术会议47人次，与境外高校开展联合科研项目1项，接待来访外宾26人次；分别与英国伦敦大学玛丽女王学院、澳大利亚国立大学、弗林德斯大学以及南澳大学签订合作协议4项，与香港金融学院联合成立"香港金融学院－哈工大培训基地"；主办、承办了第二届网络信息处理国际研讨会、第二届创新仿生计算与应用国际会议等。

2011年，由哈工大、俄罗斯莫斯科鲍曼国立技术大学主办，深圳研究生院协办的"中俄工科大学联盟成立大会"在深圳成功举行。中俄工科大学联盟的成立，意味着将有更多高水平的国际学术活动在深圳研究生院举行，更多高水平学者与高层次人才在深圳聚集，更多思维创新的火花在深圳迸发，为深圳创建创新型城市提供强有力支撑。

2012年，深圳研究生院5名学生获得深圳大运留学基金会提供的首批基金资助，分别前往美国、加拿大、英国、德国等国家的大学进行博士课程的学习或短期考察研究。深圳研究生院在十周年院庆期间举办"高等工程教育论坛"，邀请来自澳大利亚、英国、美国的专家学者发表主题演讲，与深圳研究生院师生探讨未来工程师、工程学教育的趋势以及研究支持等相关的社会问题。深圳研究生院还与美国加州大学伯克利分校继续教育学院达成初步合作意向,双方在如何将伯克利的专业证书类项目引入中国,如何组织美国的行业人员、专业人士来华进行商务与文化专项研修等方面开展商谈。

第四章　以启山林：新起点
（2013—2017）

2017年7月，教育部致函工业和信息化部及广东省人民政府：经研究，以哈尔滨工业大学深圳研究生院为基础，设立的哈尔滨工业大学深圳校区已具备开展本科教育的条件，可以开展本科教育并安排单独招生代码（18213）。

文件指出，深圳校区的学科专业设置，要紧密结合广东省和深圳市高新技术产业发展的需求，体现与校本部的差异化和互补性。在招生组织和培养管理等方面，要坚持与校本部统一要求，确保培养质量。

文件提到，希望工业和信息化部、广东省人民政府加大对深圳校区的指导和支持力度，督促深圳市为校区发展落实充足稳定的持续性经费投入，引导哈工大对深圳校区科学定位，全面加强师资队伍建设和各项办学条件建设，不断提高办学质量和办学水平，为经济社会发展做出更大贡献。

筚路蓝缕，以启山林。办学十六年来，深圳校区的发展得到了哈工大老领导、校友和地方的大力支持与关怀，也有赖于深圳研究生院时期广大教职员工的无私奉献和付出，为深圳校区圆满完成去筹任务、迎来崭新发展阶段奠定了坚实的基础。

2018年，深圳校区正式命名为哈尔滨工业大学（深圳）。哈工大（深圳）将以崭新的姿态，坚持传承哈工大传统、发扬深圳精神，充分发挥哈工大的品牌优势、办学资源优势和深圳市的区位优势、创新优势，在与哈工大校本部统一规格、统一标准、统一要求的前提下，实现统一质量、统一品牌，为国家及区域经济社会发展贡献力量。

第一节 厚积薄发 谋划未来办学崭新格局

一、加强领导班子建设

2013年是深圳研究生院办学第二个10年的起步之年。按照哈工大第十一次党代会的部署，深圳研究生院围绕"高水平国际化"这一办学主线，积极推进各项办学事业科学发展。

（一）哈工大党委常委会提名姚英学为深圳研究生院院长

2013年1月23日，哈工大校长王树国一行莅临深圳研究生院并召开会议，提名哈工大学科建设办公室主任、机电工程学院教授姚英学为深圳研究生院院长。哈工大党委副书记兼副校长张洪涛宣读党委常委会相关文件决议。副校长丁雪梅主持会议。

2013年5月8日，哈工大校本部

哈工大学科建设办公室主任、机电工程学院教授姚英学任深圳研究生院院长

党委正式下发了《关于姚英学等同志任免职的通知》：经党委常委会2013年1月20日十一届第二十二次会议讨论，并征得深圳市委组织部同意，决定：姚英学同志任哈尔滨工业大学深圳研究生院院长。

（二）选举产生中共哈工大深圳研究生院第一届委员会委员

2013年7月1日，中共哈工大深圳研究生院第一届委员会选举大会隆重举行。

张敏做中共哈工大深圳研究生院委员会任期总结报告。报告内容包含深圳研究生院党委的定位、组成原则及党委的重点工作总结。

经与会党员无记名投票，刘红军、李晓虹、张敏、张雁、赵同胤、俞晓国、姚英学、黄磊、韩喜双9位同志（按姓氏笔画为序）当选为中共哈工大深圳研究生院第一届委员会委员。

中共哈工大深圳研究生院第一届委员会选举大会隆重举行

二、初启本科教育筹备工作

《深圳市中长期教育改革和发展规划纲要（2011—2020年）》（以下简称《纲要》）提出："把高等教育作为我市教育改革和发展的重点。扩大规模与提升质量并重，实现高等教育跨越发展。到2015年，高校在校生达到15万人，2020年达到20万人。构建具有深圳特色的高等教育体系。加快发展本科教育，大力发展研究生教育，做大做强高职教育，进一步优化高等教育层次、类型和专业结构……努力办好现有高校，抢抓机遇建设新高校，到2020年，规划新建2～3所本科以上高校。"

《纲要》还把继续办好深圳大学城作为深圳高等教育的重点发展任务之一，要求深圳大学城"各研究生院健全理事会运行机制，推进本地化和国际化，逐步开展本科教育"。由此可见，发展本科生教育、扩大本科生规模，是深圳高等教育事业未来一段时期内的发展重点；能否把本科生教育做大做好，也是深圳高等教育能否快速实现跨越式发展的关键所在。深圳研究生院开展本科生教育，不仅是基于自身长远发展需要做出的选择，更是对深圳高等教育发展建设的积极回应和大力支持。

尽管哈工大、深圳市政府均有在深圳研究生院开展本科教育的共同愿景，但由于政策等方面的限制，自2009年在市校合作备忘录中首次提出开展本科生教育以来，该项筹备工作一直未取得实质性进展。

直至2013年，哈工大和深圳市政府经过反复研究、讨论，再次达成了希望并支持深圳研究生院申请单独招生代码并开展本科生教育的共识。深圳市政府承诺，启动哈工大（深圳）校区的建设，并按照国家相关规定对教育教学做出的标准提供完善基础设施建设；哈工大则将通过"一校三区"内部的结构调整为深圳校区提供本科生招生指标。

在市校双方的大力支持下，深圳研究生院开始启动本科教育的筹备工作：

哈工大校长王树国与深圳市市长许勤在深圳会晤，进一步明确由哈工大牵头、深圳市政府配合，共同向广东省、工信部、教育部等有关部门申请开展本科教育，校园扩建工程项目资金由深圳市投入。

哈工大党委书记王树权、校长王树国等一行前往北京，向工业和信息化部、教育部有关领导汇报相关工作,得到工业和信息化部、教育部领导支持,并指示:哈工大与广东省政府沟通,共同向工信部提交有关申请,再由工信部与教育部协商审批。

深圳研究生院院长姚英学也分别陪同校本部领导、深圳市副市长吴以环以及深圳市发改委、深圳市教育局、深圳大学城管理办公室等有关部门负责人多次前往教育部、工信部汇报工作。

在2009年市校合作备忘录的基础上,深圳研究生院起草了第三期《市校合作协议》及开展本科生教育的建议报告,通过了哈工大党委常委会的审议,市校双方也向广东省人民政府和工业和信息化部、教育部等主管部门提交了通过设置单独招生代码、在深圳开展本科生教育的申请。

2013年9月,广东省人民政府致函教育部(《广东省人民政府关于商请批准哈尔滨工业大学深圳研究生院开展本科生教育的函》粤府函〔2013〕190号),表示将大力支持哈工大深圳研究生院开展本科生教育。

2013年12月,工业和信息化部致函教育部(《工业和信息化部关于同意哈尔滨工业大学在深圳开展本科生教育的函》工信部人函〔2013〕529号),同意哈尔滨工业大学按照规模适度、国际标准和高水平、有特色的原则,在深圳研究生院基础上,以哈尔滨工业大学(深圳)的名义开展本科生教育。

三、建设哈工大(深圳)的必要性

(一)是贯彻落实国家建设世界一流大学和一流学科战略决策的有力探索

世界一流大学和一流学科建设的启动,为哈工大的发展迎来了新的战略机遇期。哈工大在第十二次党代会上提出了"努力建成中国特色、世界一流、哈工大规格的百年强校"的战略目标。深圳研究生院作为哈工大"一校三区"的重要组成部分,承担着"重规格、强优势,打造与世界一流大学水平相匹配的特色校区"的重点任务。

《国务院关于印发统筹推进世界一流大学和一流学科建设总体方案的通知》(国发〔2015〕64号)明确提出要"积极探索中国特色的世界一流大学和一流学科建设之路"。深圳研究生院举办本科教育并更名,将创新地方政府参与世界一流大学建设新模式，充分利用广东省和深圳市的地缘优势、产业优势、资源优势和坚实的保障能力，在基本稳定研究生培养规模的基础上拓展本科生教育，扩大、提升办学规模和发展空间，构筑更大规模的人才汇聚平台，吸引更多的高水平优秀人才参与办学，改善哈工大在南方地区的生源质量、全面提高研究生的培养水平，形成规模更大的军工技术向高科技发达地区民用工业转移的高技术转移中心，既可满足广东省和深圳市加快建设高水平大学和学科的迫切需求，也能够迅速为哈工大建设世界一流大学和一流学科的进程提供更多新增量，使哈工大（深圳）成为知识发现和科技创新的重要力量、先进思想和优秀文化的重要源泉、培养各类高素质优秀人才的重要基地，在支撑国家创新驱动发展战略、服务经济社会发展、促进高等教育内涵发展、弘扬中华优秀传统文化、培育和践行社会主义核心价值观等方面发挥重大作用，从而加速哈工大建设世界一流大学的步伐。

（二）是服务广东省和深圳市全面深化改革、提高自主创新能力，推动经济社会发展的客观需要

党的十八届五中全会提出，创新是引领发展的第一动力。2012年，习近平总书记对广东提出殷切期望，"广东要努力成为发展中国特色社会主义的排头兵、深化改革开放的先行地、探索科学发展的实验区，为率先全面建成小康社会、率先基本实现社会主义现代化而奋斗"。2015年1月，习总书记又专门就深圳工作做出了"在四个'全面'中创造新业绩，努力使经济特区建设不断增创新优势、迈上新台阶"的重要批示。

深圳高等教育的改革与发展已进入一个快速通道，深圳研究生院开展本科生教育并更名为哈工大（深圳），可为深圳乃至我国高等教育全面深化改革做出新的探索和贡献：一是探索在研究生教育基础上拓展本科教育形成大学校区的办学模式，探索如何高起点、高标准地开展本科生教育的新途径；二是探索高水平大学"一校多区"统一品牌的机制与途径；三是积极探索市校共建模式下大学校区的治理机制与运行模式；四是进一步探索新的本科生培养模式改革。

广东省和深圳市要加强自主创新能力，必须建设一批高水平的创新型大学，充分发挥高校在推动原始创新和培养创新型人才中的作用。依托深圳研究生院设立深圳校区，可以共享、移植和复制哈工大的重点学科与专业、重点实验室、重点教学与科研团队等资源，并利用广东省和深圳市在人才引进方面提供的优越条件和良好发展环境，为广东省、深圳市嫁接引进更多的国家重大科技专项、重点技术攻关任务，成为广东省、深圳市承接国家重大科研任务和工程、产生具有世界影响力的原创性科研成果的重要载体，为广东省建设创新型广东、为深圳市建设更高水平的国家自主创新示范区和国际创新中心储备更多创新人才。

（三）是加强广东省理工科大学建设和理工类人才培养，优化高等教育布局结构的客观需要

广东是我国经济的第一大省，在国家全面实施创新驱动发展战略的背景下，高水平大学尤其是高水平理工科大学对广东经济结构调整和产业转型发展的支撑作用显得尤为重要。然而广东理工类学科专业布局不能很好地满足区域经济和产业转型的要求，高校关键共性技术有效供给能力不足，行业和产业急需的核心技术研发能力不强。

高等教育是人才培养的主渠道，广东要实施创新驱动发展战略，离不开拔尖创新人才培养，因此必须集中力量建设一批高水平大学。广东省委、省政府2016年1月印发了《关于加强理工科大学和理工类学科建设服务创新发展的意见》（粤发〔2016〕1号），提出未来十年要建成一批综合实力居于国内同类院校同类学科前列、在国际上有一定知名度和影响力的高水平理工科大学和理工类学科，培养更多适应社会经济发展与产业结构转型的理工类人才。深圳在经历了30多年的经济高速发展之后，更加迫切需要加快高等教育发展。虽然高等教育发展步伐正在加速，但当前的高等教育规模、水平与城市发展定位还不能相匹配。

哈工大是国际知名的高水平大学，学科专业设置以理工科为主，能够对改善广东省高等教育的结构布局起到重要推动作用。深圳研究生院自2002年设立以来，为地方经济发展输送了大批工程实践能力强、具有团结协作与创新精神的理工类人才，就业于广东省和深圳市高新技术企业和科研单位的毕业生分别超过了毕业生总数的70%和60%。哈工大设立深圳校区，不仅能为广东省带来国内顶尖的高等教育资源，为广东省考生就读"985"高校提供新的选择，还可以进一步结合广东省传统优势制造业转型升级的机遇，加快发展电子、信息、材料、装备制造、环境工程等优势学科领域，通过市校强强联合探索建设创新型校区的路径，使之成为全省乃至全国最好的理工科教学科研基地，在更高水平、更高层次上实现优质办学资源与优质工业资源的良性互动，有效提升广东理工学科的整体水平。深圳校区将一如既往地秉承哈工大"规格严格，功夫到家"的校训和"厚基础、强实践、严过程、求创新"的办学传统，通过人才培养、科学研究与地方经济发展和企业技术创新的有效对接，为珠三角自主创新和产业升级提供人才和智力支持，满足企业对高水平本科层次人才的需求，缩短优质科技资源面向高科技企业的服务半径。

四、市校签署新的合作办学协议

2014年4月28日，深圳市政府与哈工大签署《深圳市人民政府 哈尔滨工业大学合作共建哈尔滨工业大学（深圳）协议书》（下称"《协议书》"）仪式在市民中心会议厅举行。深圳市市长许勤与哈工大党委书记王树权分别代表深圳市政府、哈工大签署《协议书》。

签约仪式

在仪式上，许勤表示，哈工大是首批进入国家"211"工程和"985"工程的著名高校，以优良的办学传统，严谨的学风、校风享誉海内外，被称为"工程师的摇篮"，为推动国家科技进步和经济社会发展发挥了重要的作用。深圳将以此次协议签署为契机，全面加强与哈工大的合作，为深圳推进高等教育快速发展、建设国家创新城市注入新的强大动力，深圳将认真落实各项协议内容，着力为哈工大在深圳的发展营造更好的环境、提供一流的服务，共同推进我国高等教育的改革发展，实现中国梦，做出更大的贡献。

王树权表示，深圳研究生院已经扎根南方12年。我们始终秉承哈工大校训，坚持面向国际学术前沿、面向国家和区域经济发展的需求，立足深圳、服务深圳，恪守创新、锐意进取，为国家和深圳高等教育改革发展积累了宝贵的经验，为推动深圳自主创新和转型升级提供了有力的人才和智力支撑，为哈工大建设世界一流大学提供了有显示度的增量。未来，必力争将哈工大（深圳）建成秉承哈工大优秀传统、扎根深圳、服务国家、面向世界的高精特研究型大学校区，为国家与深圳高等教育事业的腾飞做出更大的贡献！

《协议书》提出：办学定位。双方在哈工大统一品牌、统一学术标准的前提下，以专业化、特色化、国际化办学为导向，共同规划，将哈工大（深圳）办成一所秉承哈工大优秀传统，扎根深圳，服务国家，面向世界的高精特研究型大学。

办学目标。哈工大（深圳）以培养具有国际化视野的精英人才、具有创新能力的创业型人才为目标，逐步构建以全日制本科教育、研究生教育为主，非全日制教育、留学生教育为辅的完整高等教育体系。

哈工大（深圳）探索国际化发展道路，服务创新驱动战略，选取优秀特色学科及战略性新兴产业、国民经济和社会发展紧缺专业，与国外知名的高校和科研机构开展多种形式的合作，探索本科生培养体系国际认证、与国际知名大学学分互认的方法和路径，在若干前沿科研领域取得领先地位，为创新型国家建设和我国高等教育改革发展做出有益探索。

办学规模。双方积极为哈工大（深圳）招收和培养全日制本科生创造条件，2020年在校生达到9 000人，其中本科生5 500人，硕士及博士研究生 3 500 人。

学科专业设置。哈工大(深圳)坚持面向国家重大需求,面向国际学术前沿,以工、理科为主,突出学科交叉,积极设立国家和区域产业发展急需的新兴专业学科。

哈工大将根据深圳经济社会发展的需求,调整与深圳市战略新兴产业紧密相关的专业学科设置,加强哈工大(深圳)博士、硕士学位授权点建设。

学生培养。哈工大(深圳)学生为校区独立学籍,实行学分制和弹性学制。其毕业生授予哈工大毕业证书和哈工大学位证书。

五、教育部批准筹办本科教育

2014年5月,教育部向广东省政府、工业和信息化部正式复函(《教育部关于同意哈尔滨工业大学深圳研究生院筹备举办本科教育的函》教发函〔2014〕107号),原则同意哈尔滨工业大学深圳研究生院设立单独招生代码开展本科教育。

希望广东省、工业和信息化部与哈尔滨工业大学等有关方面加强协调沟通,密切合作,广东省特别是深圳市应尽快全面落实深圳校区建设经费和发展经费,抓紧完成深圳校区校园建设,加强师资队伍建设,完善各项基本的办学条件。待该院办学条件和基础设施达到开展本科教育的条件和标准后,教育部将按有关规定和程序进行审批。

第二节　全力以赴　市校合力推进去筹工作

一、组建筹建办公室

2015年9月，经深圳市人民政府和中共深圳市委教育工委同意，哈工大（深圳）筹建办公室和临时党委正式成立，哈工大校长周玉任筹建办主任，深圳市原副市长唐杰任临时党委书记，深圳研究生院院长姚英学任筹建办常务副主任。

哈工大（深圳）筹建办接受深圳市政府和哈工大领导，主要负责深圳校区开展本科生教育所需的基础设施建设、师资队伍招募、专业及课程体系设置、招生规划和人才培养方案制订等各项筹备工作。

党政联席会是筹建办的日常运行管理机制，筹建办成员定期召开会议，沟通各项筹备工作进展，研究解决深圳校区建设发展过程中的重大问题。筹建办设立了招生就业与学生工作事务部、科研工作事务部、信息化与资产管理事务部、研究生培养事务部、人力资源与国际合作事务部、本科生培养事务部等管理部门，使组织机构的运作更加规范和高效。

（一）哈工大校长周玉任哈工大（深圳）筹建办主任

9月11日，哈工大（深圳）筹建办公室第一次会议在深圳召开。深圳市副市长吴以环主持会议并宣布成立哈工大（深圳）筹建办和临时党委。校长周玉任筹建办主任，深圳市原副市长唐杰任临时党委书记，姚英学任常务副主任。会前，广东省委副书记、深圳市委书记马兴瑞，市长许勤会见了校长周玉一行，并表示要加速建设深圳高等教育体系，加快哈工大（深圳）的建设速度,提升办学起点,尽快去筹招生,在高等教育体制改革方面起到引领和示范作用。

会上,与会人员还就哈工大(深圳)专业规划论证、国际设计学院规划、工期进度、经费落实、实验室基础建设、设备购置、保障性住房、科研用房、校园建设、人才配套和筹建办管理等事宜进行了研究。

深圳市政府办公厅关于本次会议的会议纪要:

经市政府和哈工大批准,筹建办成员如下:主任由哈工大校长周玉担任;常务副主任由深圳研究生院院长姚英学担任;副主任由市教育局副局长范坤、市政府办公厅李昕担任;成员包括市财政改革委副主任王庭珠,市财政委机关党委书记温焕强,市规划国土委副主任薛峰,市建筑工务署副巡视员刘友先,大学城管理办主任吴惠琼,哈工大校长助理、研究生院常务副院长甄良,哈工大本科生院常务副院长沈毅,深圳研究生院副院长张敏、刘红军、韩喜双、周超英,深圳研究生院教授委员会副主任张素梅、孙秀冬。

经中共深圳市委教育工作委员会批准,筹建办临时党委成员如下:书记由唐杰担任;副书记由深圳研究生院党委书记、副院长张敏,深圳研究生院院长姚英学担任;成员包括深圳研究生院副院长刘红军、韩喜双。

(二)深圳市原副市长唐杰任哈工大(深圳)筹建办临时党委书记

11月23日,哈工大(深圳)筹建办召开第一次全体教职工大会。深圳市委教育工委书记、市教育局局长郭雨蓉宣布了关于哈工大(深圳)筹建办临时党委成立的决定,深圳市原副市长唐杰任临时党委书记,张敏、姚英学任副书记,刘红军、韩喜双任委员。筹建办临时委员会隶属市教育工作委员会管理,同时接受哈工大党委指导。

根据11月30日印发的哈工大(深圳)筹建办会议纪要,筹建办成员形成分工安排如下:周玉,筹建办主任,主持全面行政工作;姚英学,筹建办常务副主任,协助周玉负责筹建办日常工作,负责财务与学科建设工作;张敏,招生就业与学生工作事务部主任,分管招生就业、学生工作;刘红军,科研工作事务部主任,分管科研工作,协助姚英学分管学科建设工作;韩喜双,信息化与资产管理事务部主任,分管资产和网络信息工作,联系深圳大学城管理办公室协调后勤工作;周超英,研究生培养事务部主任,分管研究生培养工作,协助姚英学分管财务工作;张素梅,人力资源与国际合作事务部主

哈工大(深圳)筹建办召开第一次全体教职工大会

任,分管人事和外事工作;孙秀冬,本科生培养事务部主任,分管本科生培养工作,包括培养方案制订、课程与教材建设、教学实验室建设、教学质量管控等工作。

(三)哈工大校长助理、研究生院常务副院长甄良任哈工大(深圳)筹建办常务副主任(主持行政工作)

2016年1月19日,为加强深圳校区管理队伍建设,周玉校长一行莅临深圳校区并宣布哈工大党委常委会决定,任命哈工大校长助理、研究生院常务副院长甄良为哈工大(深圳)筹建办常务副主任(主持行政工作),推荐为中共哈尔滨工业大学(深圳)筹建办临时委员会副书记建议人选。哈工大副校长任南琪、哈工大(深圳)筹建办党委书记唐杰、深圳市教育局副局长

哈工大校长助理、研究生院常务副院长甄良任哈工大(深圳)筹建办常务副主任(主持行政工作)

许建领出席会议,哈工大组织部部长孙雪宣读党委常委会相关文件决定。

1月20日,周玉校长主持召开筹建办2016年第一次会议,会议进一步强调了党政联席会制度为哈工大(深圳)筹建办日常运行管理制度,会议为党务内容时,由筹建办党委书记主持,为行政内容时,由筹建办主任或常务副主任主持。应抓紧制定联席会议议事规则等制度。会议决定对筹建办成员的行政工作分工做部分调整:甄良协助周玉校长负责筹建办日常行政工作,负责人事与财务工作;姚英学负责学科建设和发展规划工作,协助甄良分管财务工作;刘红军分管科研工作;周超英分管研究生培养工作;张素梅分管外事工作,协助甄良分管人事工作。其余分工不变:张敏分管招生就业工作,韩喜双分管资产工作和网络信息工作。

二、全面部署去筹任务

2月19日,哈工大(深圳)去筹工作动员会召开。校区筹建办临时党委书记唐杰出席会议,深圳市教育局副局长许建领介绍去筹政策,哈工大校长助理、校区筹建办常务副主任甄良主持会议并讲话,校区筹建办常务副主任姚英学做去筹工作汇报。

唐杰表示,深圳校区去筹工作已进入倒计时阶段。近期,深圳校区将完

哈工大(深圳)去筹工作动员会召开

成去筹申报材料初稿，并提交哈工大和深圳市委、市政府，同时积极筹备理事会的召开。深圳校区去筹工作任务将具体分解落实到各个行政部门和学院，深圳校区教职工要充分认识去筹工作的紧迫性和重要性，各司其职、各尽其责，全力完成工作任务，迎接教育部专家组评估，为深圳校区在今年上半年顺利实现去筹贡献力量。

许建领介绍了高校去筹工作的相关政策及其他高校的去筹工作经验，并表示教育部、广东省教育厅及深圳市委、市政府对深圳校区去筹工作高度重视。深圳市教育局将积极配合哈工大，圆满完成本次去筹工作任务。他对去筹工作提出了意见和建议，希望深圳校区依据相关政策、汲取相关工作经验，充分准备相关材料，抓紧时间向上级部门汇报，为迎接教育部专家组评估做好准备。

甄良表示，目前，深圳高等教育正处于高速发展时期，深圳校区面临的挑战与机遇并存，已到了实现跨越式发展的关键时刻。一直以来，深圳市委、市政府高度重视、积极支持深圳校区去筹工作。深圳校区教职工要高度重视去筹工作，发扬主人翁精神，同心同德、群策群力，为深圳校区顺利去筹贡献力量，为哈工大实现"中国特色、世界一流、哈工大规格"百年强校建设目标提供增量。

会后，甄良走访了深圳大学城管理办公室、深圳市国土规划和国土资源委员会、深圳市教育局等单位，加快推进深圳校区去筹进程。

三、贯彻落实哈工大十二次党代会精神

2015年12月18日，中国共产党哈尔滨工业大学第十二次代表大会胜利召开。大会面向一校三区进行了同步直播。哈工大党委书记王树权代表中共哈工大第十一届委员会做了题为《立德树人　改革创新　努力建成中国特色、世界一流、哈工大规格的百年强校》的工作报告。

在深圳校区办学方面，报告指出，重规格，强优势，打造与世界一流大学相匹配的特色校区。提升深圳校区办学水平，坚持高起点、高标准、国际化，强化人才培养中心地位，坚守哈工大人才培养规格与特色，吸收世界一流大

学先进经验，大力引进国际高端人才，深度融入深圳建成现代化国际化创新型城市的进程，切实发挥人才引进、教育教学改革的"桥头堡"作用，努力成为提升哈工大影响力的重要窗口。

12月31日，深圳校区召开全体中层以上领导人员会议，学习哈工大第十二次党代会精神。哈工大（深圳）筹建办党委书记唐杰带领与会人员学习哈工大第十二次党代会报告，并围绕报告部署下一阶段重点工作。

围绕党代会报告内容，针对下一步深圳校区去筹工作推进，唐杰提出14个议题：一是如何深刻理解校党代会关于"中国特色、世界一流、哈工大规格"的定位；二是如何准确把握一校三区统一规格与各具特色的辩证关系；三是如何认真理解与实现一校三区的定位；四是如何设想深圳校区在哈工大建校百年时可以达到的阶段性目标；五是如何从实际出发加快形成深圳校区高水平人才队伍；六是如何在启动期形成若干广东领先、在全国具有影响力的重点学科；七是如何在启动期推进学生培养模式的改革；八是如何建立起优化、交叉、创新的科学研究平台；九是如何加大推动深圳校区的国际化水平；十是如何有效推动深圳校区的信息化建设；十一是如何加强基层党组织的保障作用；十二是如何建成高效、廉洁、可与国际一流大学媲美的行政管理体系；十三是如何形成深圳校区合理的治理结构；十四是如何全面落实"两个责任"，巩固风清气正的育人与科研教学环境。

会后，唐杰书记赴深圳校区各部处、直属单位和学院进行工作调研，广泛听取工作汇报和教职工意见建议，深入了解基层单位情况，亲自指导各单位如何更好、更深入地学习贯彻落实哈工大第十二次党代会精神，加快推进深圳校区去筹工作。

四、加快推进去筹进程

在教育部、工信部，广东省委、省政府，深圳市委、市政府等上级主管部门领导的关怀与支持下，深圳校区的本科去筹步伐不断加快。

深圳市政府承诺全额投资建设深圳校区，给予市属高校同等待遇，按照市属高校生人均经费标准及实际招收的本科生、研究生人数给予办学经费。深圳市政府将深圳校区运行经费、人才引进经费等各项经费列入深圳市政府年度预算安排；深圳校区基本建设和大型设备购置均由深圳市政府投资，满足校区建设运行与发展对资金的需求。

为筹建深圳校区，深圳市政府投入17.62亿元用于扩建建筑面积为29.85万平方米的校园基础设施；2016年安排哈工大（深圳）筹建办运行经费1 036万元；预安排新引进高层次人才启动经费支出2 000万元，并对深圳校区新引进高端人才科研经费给予保障；智慧校园建设初步获批经费1.5亿元；扩建校区开办费预计2.65亿元。

同时，作为"自家人"，哈工大校领导一直全力推动和支持深圳校区的本科筹备工作，党委书记王树权、校长周玉多次莅临校区指导工作；作为校区筹建办公室主任，周玉到深圳校区指导工作的次数更为频繁，不仅坚持来深圳校区参加开学典礼和毕业典礼等重大活动，也多次与深圳校区中层干部、教师代表、学生代表等座谈，仅2016年一年就6次来深；党委常务副书记熊四皓，党委常委、常务副校长韩杰才，党委常委、副校长任南琪、丁雪梅、安实、邓宗全、张洪涛也屡次来到校区，为加快本科教育去筹进程、快速提高深圳校区各项办学工作水平做出了重要指示。

除全面指导和部署本科去筹各项工作外，深圳校区领导还多次拜访深圳市委、市政府领导，有力促进了市校双方办学合作的不断深化。

（一）王树权书记、周玉校长拜会广东省委副书记、深圳市委书记马兴瑞

2015年5月10日，哈工大党委书记王树权、校长周玉一行拜会广东省委副书记、深圳市委书记马兴瑞。双方表示，要进一步创新思路、务实合作，合力支持推进哈工大在深圳办学工作，努力建设扎根深圳、服务国家、面向世界的一流大学校区。

马兴瑞对深圳校区的发展建设成果给予高度肯定。他指出，哈工大对深圳建设创新型国际化城市做出了重要贡献，深圳未来的发展要靠科技、靠教育创新，更离不开哈工大。深圳市委将全力支持哈工大在深圳筹办本科生教育，政府将在启动资金、校区建设、师资引进等方面提供保障，也希望哈工大在深圳办学要突破传统教育模式，解放思想、积极谋划、大胆创新，努力把深圳校区建设成为国家高等教育改革的示范区，为国家和深圳的发展培养出更多创新型、国际化、高层次人才。

王树权代表深圳校区感谢深圳市委、市政府多年来对深圳研究生院发展建设的关心和支持。他表示,哈工大作为国家重点大学,始终与国家发展同步。在国家大力实施创新驱动发展战略和人才强国战略的背景下,哈工大在深圳筹办本科生教育,将积极探索创新人才培养模式,着力提升国际合作水平,为深圳建设创新型国际化城市提供动力。希望在市校双方的共同努力下,深圳校区能在创新人才培养模式方面做出新的探索,取得新的成果,培养出更多满足国家创新驱动发展战略需求、满足深圳城市转型发展战略需求的优秀人才。

周玉表示,哈工大的人才培养模式具有"厚基础、强实践、严过程、求创新"的特点,航天国防特色和专业教育特色突出。深圳研究生院创建初期,就立足高起点、高标准,着力打造人才高地。经过多年的实践和探索,深圳研究生院在办学实践中坚持校企联合、双基地培养等特色模式,为国家和深圳市输送了大量人才。下一步在深圳开办本科生教育,深圳校区将继续坚持高起点、高标准,全力保障办学质量和水平,进一步发挥深圳研究生院人才高地的作用。

(二)广东省委副书记、深圳市委书记马兴瑞到深圳校区调研

2016年5月17日,广东省委副书记、深圳市委书记马兴瑞一行到深圳校区调研。哈工大校长周玉参加调研。

广东省委副书记、深圳市委书记马兴瑞到深圳校区调研

马兴瑞到本科校区扩建工程工地现场了解工程进展情况,参观了电力电子与电力传动研究中心、航天航空微纳器件制备和检测公共服务平台,并主持召开座谈会,研究解决推进深圳校区建设相关问题。他强调,深圳校区应坚持高起点、高标准、国际化,注重办学体制机制创新,大力引进国际高端人才,重点推进国家级重点实验室集群建设,为广东省建设高水平大学贡献力量,成为深圳科技、产业创新中心建设的重要引擎。

深圳市领导田夫、吴以环,深圳市相关委、办、局,南山区、大学城管理办相关负责人,校区筹建办临时党委书记唐杰和哈工大校长助理、校区筹建办常务副主任甄良等参加会议。甄良在会上汇报了深圳校区筹建工作情况。

(三)广东省副省长袁宝成、深圳市政府常务副市长张虎一行来深圳校区调研

2016年11月16日,广东省副省长袁宝成、深圳市政府常务副市长张虎一行11人来深圳校区调研,广东省政府副秘书长钟旋辉、省科技厅厅长黄宁生、深圳市科技创新委员会主任梁永生、市委教育工委副书记范坤等陪同调研。校区筹建办党委书记唐杰,哈工大校长助理、校区筹建办常务副主任甄良,中科院院士、校区理学院首席学术顾问魏奉思,校区筹建办常务副主任姚英学,筹建办党委副书记张敏,筹建办成员刘红军、韩喜双、周超英、张素梅、孙秀冬参加调研及座谈。

袁宝成一行

广东省副省长袁宝成、深圳市政府常务副市长张虎一行来深圳校区调研

参观了深圳校区电力电子与电力传动实验室和微纳光电信息系统理论与技术重点实验室,对深圳校区实验室建设给予了高度肯定。他还参观了深圳校区沙盘,详细了解了本科校区扩建工程建设情况。

(四)调整确定筹建办成员分工

2017年3月20日,根据深圳校区发展需要,为了进一步明确职责,提高工作效率,对筹建办成员分工进行了调整:

唐杰主持党委全面工作,负责组织和宣传方面的重大事项,联系经济管理学院。

甄良协助周玉校长主持全面行政工作,负责人事和财务方面的重大事项,联系材料科学与工程学院。

姚英学负责发展规划、战略研究、财务日常工作和国际设计学院等重大专项事务,分管深圳校区办公室、财务处,联系机电工程与自动化学院。

张敏负责组织和宣传日常工作,以及统战、工会、纪委、招生就业和学生工作,分管党群工作部、学生发展处(部),联系人文与社会科学学院。

刘红军负责科学研究、科研基地建设、成果转化工作,分管科技发展处,联系计算机科学与技术学院。

韩喜双负责资产管理、基建、后勤、安全管理、档案管理、信息化建设工作,分管资产管理处、网络与计算中心,联系建筑与规划学院。

周超英负责研究生教育和继续教育工作,分管研究生处和继续教育学院,联系电子与信息工程学院。

张素梅负责人事日常工作和国际合作事务,分管人事处、国际合作处,联系土木与环境工程学院。

孙秀冬负责本科生教育和本科教学实验工作,分管教务处、实验与创新实践教育中心,联系理学院。

第三节　众志成城　教职员工奋力拼搏开拓

一、本科校区扩建工程：获中国 BIM "荣誉白金级"认证

去筹阶段，校园基础设施建设成为本科教育筹备工作中最紧迫的任务。在深圳市委书记马兴瑞、市长许勤以及深圳市各有关部门的高度重视与大力支持下，本科校区扩建工程的建设工作得以顺利开展。

2014年9月，深圳市发展和改革委员会印发了《深圳市发展改革委关于哈尔滨工业大学深圳校区扩建工程可行性研究报告的批复》（深发改〔2014〕1202号），同意扩建深圳校区校舍，项目总建设面积253 510.27平方米，项目总投资估算为124 732.80万元。

2015年3月，深圳市规划国土委第二直属管理局印发了《市规划国土委第二直属管理局关于夏青路项目选址的复函》（深规土二局函〔2015〕836号），原则同意深圳校区扩建工程配套道路夏青路选址，调整后该路西侧用地纳入哈工大（深圳）校区范围，为校区扩建工程增加建设用地约40 700平方米，扩建工程总占地面积达到159 100平方米。

2016年1月，深圳市发展改革委印发了《深圳市发展改革委关于哈尔滨工业大学深圳校区扩建工程项目总概算的批复》（深发改〔2016〕98号），项目总建筑面积为29.847 3万平方米，投资估算约17.62亿元。

（一）创新成立专家顾问工作坊

在本科校区扩建工程的规划设计方面，深圳校区创新性地成立专家顾问工作坊，快速推进落实设计方案招标的设计任务书编制工作；多次赴校本部、香港理工、香港大学、香港中文大学（深圳）、香港科技大学、南方科技大

学、深圳大学等高校调研学习，完成设计任务书编制、优化，快速协调推进方案设计招标等相关工作。

2015年7月底，确定本科校区扩建工程设计中标单位。

本科生校区建设规划图

（二）连续3年被列为深圳市重大项目

2015至2017年，本科校区扩建工程连续3年被列为深圳市重大项目，由深圳市委、市政府督查室全程督办，深圳市还成立了由市发改委、市规划国土委、市监察局、市审计局、市住房建设局、市城管局、市建筑工务署等委办局组成的校区建设专项工作小组，协调解决了扩建用地的调整、回收、审批以及林地报批等一系列问题，为项目的顺利实施提供了坚实保障。

2016年9月4日—5日，校长周玉调研本科校区扩建工程，听取了本科校区建设及相关工作推进情况汇报

2015年9月15日,哈工大(深圳)本科校区扩建工程移交会议在深圳市建筑工务署会议室举行,本科校区扩建工程前期工作已全部完成,并由深圳校区正式移交给工务署。

(三)哈工大项目大干400天誓师动员

2016年11月24日,"哈工大项目大干400天誓师动员大会"在本科校区扩建工程工地举行。深圳市建筑工务署党组书记张礼卫,哈工大校长助理、校区筹建办常务副主任甄良出席大会并发表讲话。

在建设过程中,深圳市建筑工务署为本科校区扩建工程配备了高水平的项目管理团队,对项目进行专业化、标准化、精细化管理,并借助BIM可视化、精确化等手段,通过总施工进度模拟,装配式施工管控,数字交付,智慧运营,辅助方案科学决策,高效管控变更、进度、质量、安全等,实现实体建筑和数字建筑孪生共长,荣获中国BIM最高级别"荣誉白金级"认证。

2018年8月1日,深圳校区举行扩建工程一标段(教学办公区、实验实训区及部分学生公寓)竣工接收仪式,标志着本科生校区正式投入使用。11月22日,工程信息楼、荔园四食堂以及6至8号学生公寓也正式交付使用。

本科生校区正式投入使用

二、本科人才培养体系：制订本科教育规划和培养方案

哈工大在90余年的办学历史中积累了丰富的本科生教育经验和办学成果，而深圳校区尽管在研究生教育上硕果累累，但自上而下地拓展本科生教育仍然面临着巨大挑战。因此，在正式获批筹建以前，深圳校区已经开始着手规划设计本科生培养方案与课程体系。

（一）编制《哈尔滨工业大学（深圳）本科生教育发展与建设规划》

首先启动的是本科生教育发展规划的编制工作。2013年，深圳研究生院院长姚英学亲自牵头组织制定规划，经过反复地研讨和修改，完成了《哈尔滨工业大学（深圳）本科生教育发展与建设规划》（以下简称《本科教育规划》）。

2014年10月17日，深圳校区召开本科教育发展规划专家评审会。哈工大副校长丁雪梅主持会议并讲话，希望深圳校区根据国家培养创新人才的要求，秉承哈工大建设世界一流大学的办学理念，传承"规格严格，功夫到家"的校训精神和90余年的办学经验，适应深圳、珠三角及中国南部地区对高等教育的需求，培养面向未来的优秀人才，在深圳这片改革开放前沿的热土上成为高等教育改革的试验田。

深圳校区召开本科教育发展规划专家评审会

学校老领导杨士勤、李生、何钟怡、强金龙、强文义、刘家琦等出席会议。会议邀请的专家有清华大学校务委员会副主任、原清华大学深圳研究生院院长关志成，北京理工大学副校长孙逢春，广州大学副校长徐俊忠等。

会上，姚英学做《哈尔滨工业大学（深圳）本科生教育发展与建设规划》报告，张敏做《哈尔滨工业大学深圳研究生院建设与发展》报告。与会领导、专家围绕报告，重点讨论了办学定位、专业设置、师资队伍建设、课程建设、生源及与香港高校合作等问题，并对专业结构设计、师资队伍建设等方面提出了建设性的意见和建议。

经过充分修改，《本科教育规划》于2014年12月通过哈工大党委常委会审批。

《本科教育规划》明确了深圳校区本科生教育的发展目标与建设思路。深圳校区本科生教育的长期建设目标是建立具有哈工大特色、符合深圳区域经济社会需求、与国际接轨的一流创新型本科教育体系，培养具有国际化视野的精英人才、具有创新能力的创业型人才，打造具有国际影响力的本科生教育品牌。到2020年，达到年招收1 375名本科生，在校本科生接近5 500人，建设20个本科专业类提出了实施"大类招生、大类培养、专业方向毕业"的模式和方案，形成较为完善的学科专业体系、人才培养体系和学术研究体系，教师总数达到700人，形成涵盖工学、理学、经济学、管理学、人文艺术等专业门类的较为完善的学科专业体系、人才培养体系和学术研究体系。

（二）制订《本科生培养方案》

同时进行的还有《本科生培养方案》的调研与制订工作。由主管教学的深圳研究生院副院长周超英牵头，在对哈工大校本部本科生培养方案进行研读、吸收的基础上，开展了大量调研和准备工作：

2014年4月至6月，实地走访新加坡国立大学、华东理工大学及香港的知名大学，完成《华盛顿协议下工程教育认证调研报告》。

2014年5月至7月，对深圳10家行业领头企业进行调研，为从社会需求的角度有针对性地制订《本科生培养方案》做好准备。

2014年4月至7月，组织"《本科生培养方案》建设系列讲座"，邀请资深的认证专家以及经验丰富的本科生培养方案设计者为深圳校区教师传授经验。

2015年3月至5月，出台本科生课程体系框架并召开通识教育研讨会，正式启动本科生培养方案制订工作；按每个专业聘请5名国内外专家（所在学科排名全国前列、有丰富本科教学经验的教授）的标准，先后组织国内外专家100多人次参与各专业培养方案的初步审核、论证。

经过一年多的建设，完成了包括工学、理学、经管与文学艺术等16个专业类的《本科生培养方案》。

2015年9月22日，深圳校区召开《本科生培养方案》评审会。副校长丁雪梅、深圳市教育局副局长范坤出席会议。来自清华大学、中国科技大学、浙江大学等高校及科研院所的30余位专家对已完成的培养方案进行了评审，包括计算机类、机械类、材料类、电子信息类、土木类和经济学类等13个专业类的《本科生培养方案》通过了专家评审。

2017年4月27日，深圳校区本科生培养方案评审会在F栋102会议室召开，与会人员就新增本科招生专业，即环境科学与工程专业、自动化专业本科生培养方案的制订进行了讨论。哈工大本科生院常务副院长沈毅主持会议，深圳校区筹建办成员孙秀冬讲话，来自同济大学、中国科技大学、华中科技大学、北京大学等高校的评审专家参加了会议。

深圳校区召开本科生培养方案评审会

三、本科实验教学平台：构建创新实践教育体系

作为国际知名的工科强校，哈工大在学生实践能力和创新能力培养方面具有突出优势，建有以国家级实验教学示范中心、国家级工程实践教育中心和虚拟仿真实验教学中心为引领，省部级实验教学示范中心为支撑，校级实验教学中心为基础的分层次实验教学体系，有基础实验、专业实验和创新实践构成的三级实验实践教学平台，形成了优势学科及高水平科学研究共同助力人才培养的实践教学体系。

实验与实践教学是本科生教育的重要组成部分，从筹备本科教育之初，深圳校区领导就明确了高起点、高标准、高水平的实验室建设思路，筹备建设布局合理、设备先进的实验教学平台和本研贯通、开放创新的实践教学体系，创造性地提出了"分散规划、集中建设、统一管理、协调运行"的建设原则，以确保教师实验空间的独立性、教师队伍建设的稳定性、实验教学资金的高效性和运行过程的有效性。

在教学体系方面，深圳校区统筹考虑本科生和研究生实验教学的整体需求，规划建设以通识教育实验室、技术基础教育实验室和专业教育实验室为主要载体的实验教学体系，大力推行综合性、设计性、探索性和创新性的实验教学，提高学生的动手能力，培养学生的实践能力和自主创新能力。

在组织架构方面，深圳校区规划组建了"实验与创新实践教育中心"，公共实验室与用于专业必修课和重要选修课的实验基地纳入中心集中建设、统一管理，部分选修课实验基地分散至各研究所（中心、室）进行建设，确保本科实验实践教学资源不被侵占、有效实现资源共享，形成管理相对独立、建设使用与院（系）互动的教学实验室建设管理机制。

深圳校区从2014年底开始着手编制实验室建设方案，经过反复修订，于2015年12月5日举行了本科教学科研实验室建设方案评审会。深圳校区筹建办常务副主任姚英学，筹建办成员刘红军、孙秀冬以及来自哈工大校本部、厦门大学、深圳大学、华南理工大学的15位专家出席会议做评审。会上，各学院负责人汇报了各专业的本科教学实验室建设方案，与会专家经过充分讨论，围绕实验室名称、数量、功能、设备等情况提出了建议，形成了评审意见。

2016年1月,《本科教学与科研实验室资金申请报告》通过深圳市政府投资项目评审中心专家评审。深圳市政府投资9.03亿,助力深圳校区建设通识与基础教育、技术基础教育、专业教育三个系列实验平台,规划使用面积约26 000平方米,共190间实验室。

四、本科招生旗开得胜

深圳校区自2011年起全面负责哈工大在广东省的本科生招生宣传工作,在招生宣传工作人员遴选、重点高中调研、宣传人员培训、招生宣传策划等方面都做了大量的工作,宣传范围覆盖广东省的各个地级市,哈工大录取最低分超一本线分数由2012年的33分逐年提高至2017年的96分。

经市校双方协商,从2016年起,深圳校区开始依托哈工大校本部招收首届本科生,共录取了来自广东省、广西壮族自治区、福建省、浙江省、安徽省、江西省、四川省、河北省、辽宁省、吉林省、黑龙江省、湖南省等12个省和自治区的376名优秀学子,其中11个省份的录取最低分超过重点线80分,8个省份的录取最低分超过重点线100分,最高为黑龙江省,超过一本线高达140分。广东省的理工类是508分,哈工大提档线是589分,其中深圳校区录取了91人,最低分589分,最高分632分。

2017年,深圳校区的本科招生工作在2016年的基础上又有了新的跃升,在高考提档第一批次(理科)中录取分数在广东高校中与中山大学并列排名第一。2017年面向广东省、广西壮族自治区、福建省、浙江省、安徽省、江西省、四川省、河北省、辽宁省、吉林省、黑龙江省、湖北省、贵州省、云南省、重庆市、湖南省16个省、自治区和直辖市录取了机械类、材料科学与工程、计算机类、电子信息类、土木类、经济学、自动化、环境工程8大专业(类)优秀本科生564名,在其中13个省份的录取最低分超过重点线100分,9个省份超过重点线120分,3个省份超过重点线150分,其中最高为黑龙江省,超过重点线159分。

与2016年相比,各省的录取分数相比上一年明显提高,最低分排名比上一年大幅前移。13个省份排名提升100名以上,8个省份排名提升400名以上,3个省份排名提升1 000名以上,其中在首次采取高考录取综合改革的浙江省,最低分排名比上一年提升近 2 200 名，广西壮族自治区比上一年提升 1 500 余名，广东省比上一年提升近 1 400 名。

（一）全力做好招生宣传工作

2016 年，深圳校区经过广泛调研，借鉴国内部分高校招生宣传工作经验，改革传统本科生招生宣传方式，率先探索筹建办领导下的各招生宣传小组分片负责的管理模式，由 7 个学院和 5 个行政部门组成 12 支招生宣传队伍，初步形成深圳校区全体教职工均有义务为招生做宣传的良好氛围，为校本部采取此模式进行了有利的探索。

计算机科学与技术学院负责广东省本科生招生宣传工作，带队领导曲铁军，计算机科学与技术学院院长王轩任组长，参加招生宣传人数 34 人，宣传覆盖 13 个城市，参加咨询会 6 场次，走进高中 23 所。

机电工程与自动化学院负责湖南省本科生招生宣传工作，带队领导姚英学，机电工程与自动化学院院长李兵任组长，参加招生宣传人数 14 人，宣传覆盖 21 个城市，参加咨询会 2 场次，走进高中 37 所。

电子与信息工程学院负责河北省本科生招生宣传工作，带队领导姚英学，电子与信息工程学院院长张钦宇任组长，参加招生宣传人数 7 人，宣传覆盖 11 个城市，走进高中 12 所。

科技发展处负责吉林省本科生招生宣传工作，带队领导张敏，科技发展处副处长张彦峰任组长，参加招生宣传人数 5 人，宣传覆盖 6 个城市，参加咨询会 1 场次，走进高中 15 所。

基础科学与人文学院负责安徽省本科生招生宣传工作，带队领导张敏，基础科学与人文学院副院长赵毅任组长，参加招生宣传人数 9 人，宣传覆盖 9 个城市，参加咨询会 6 场次，走进高中 12 所。

城市规划与管理学院负责福建省本科生招生宣传工作，带队领导韩喜双，城市规划与管理学院院长王耀武任组长，参加招生宣传人数 11 人，宣传覆盖 10 个城市，参加咨询会 7 场次，走进高中 28 所。

研究生处负责四川省本科生招生宣传工作，带队领导周超英，研究生处副处长于刚任组长，参加招生宣传人数 7 人，宣传覆盖 8 个城市，参加咨询会 3 场次，走进高中 30 所。

土木与环境工程学院负责江西省本科生招生宣传工作,带队领导刘红军,土木与环境工程学院院长金文标任组长,参加招生宣传人数 6 人,宣传覆盖 5 个城市,走进高中 13 所。

教务处负责广西壮族自治区本科生招生宣传工作,带队领导孙秀冬,教务处处长王立欣任组长,参加招生宣传人数 9 人,宣传覆盖 18 个城市,参加咨询会 2 场次,走进高中 26 所。

人事处负责辽宁省本科生招生宣传工作,带队领导张素梅,人事处副处长张巨帆任组长,参加招生宣传人数 8 人,宣传覆盖 6 个城市,参加咨询会 13 场次,走进高中 10 所。

学生发展处(部)负责浙江省本科生招生宣传工作,参加招生宣传人数 4 人,宣传覆盖 19 个城市,参加咨询会 2 场次,走进高中 32 所。

材料科学与工程学院负责黑龙江省本科生招生宣传工作,带队领导郑世先,材料科学与工程学院院长李明雨任组长,参加招生宣传人数 4 人,宣传覆盖 5 个城市,参加咨询会 3 场次,走进高中 11 所。

2017 年各招生小组参与招生宣传人数达 185 人,宣传覆盖 160 个城市,共参加咨询会 414 场次,走进重点高中 344 所。

为促进高等教育与基础教育的良好衔接,帮助广大中学生拓宽学术视野,更好地了解大学文化;同时,为推进校区本科生招生宣传工作的常态化,有针对性地深入更多优秀生源高中,与其建立长期而稳定的联系,深圳校区各招生组还积极深入各重点高中举办各类学术讲座,受到高中师生的广泛好评。

在各招生组指导下,2017 年"感恩暖流,青春筑梦"回访高中母校寒假社会实践活动,共有 40 支队伍 149 名 2016 级本科生参与,活动期间共回访高中 96 所,并开展了多种形式的宣传活动。

(二)2016 年开学典礼隆重举行

2016 年 9 月 4 日,深圳校区 2016 年开学典礼在深圳大学城体育馆隆重举行。中国工程院院士、哈工大校长、校区筹建办主任周玉出席典礼并寄语新生,深圳市委常委、常务副市长张虎出席典礼并讲话。376 名首批本科生,941 名博士、

深圳校区2016年开学典礼在深圳大学城体育馆隆重举行

硕士研究生和留学生新生,部分新生家长、亲友和全体教职工参加开学典礼。

出席典礼的嘉宾有深圳市相关部门领导及大学城兄弟院校领导:深圳市教育局副局长许建领,南山区委常委、常务副区长曾湃,大学城管理办公室主任吴惠琼,中国科学院院士、南方科技大学校长陈十一,清华大学副秘书长、深圳研究生院院长、清华-伯克利深圳学院院长康飞宇,北京大学副秘书长、北京大学深圳研究生院常务副院长白志强。

出席典礼的哈工大及深圳校区领导、校友及专家有:中国工程院院士、哈工大副校长任南琪,中国工程院院士、深圳校区首席学术顾问方滨兴,校区筹建办党委书记唐杰,哈工大校友总会副会长、哈工大深圳校友会会长、海王集团董事长、校区特聘教授张思民,哈工大校长助理、深圳航天科技创新研究院院长张华,哈工大校长助理、校区筹建办常务副主任甄良,哈工大本科生院常务副院长沈毅,校区筹建办常务副主任姚英学,校区筹建办党委副书记张敏以及筹建办成员韩喜双、周超英、张素梅、孙秀冬。

典礼由甄良主持。各学院院长在主席台就座。庄严的国歌声中,典礼正式拉开序幕。

周玉在会上深情地说,同学们在人生最重要的阶段选择了哈工大(深圳),这是对深圳这座改革开放前沿城市的向往,也是对哈工大这所百年名校的信任。在开学的第一堂课上,周玉对新生提出几点希望:树立远大目标,心怀理想,为了理想而努力学习，为了国家富强和民族复兴而上下求索；持之以恒、坚韧不拔，用心专一、水滴石穿，成为理论知识过硬、实践能力强、综合素质高的精英型人才；勇于创新、追求卓越，突破陈规、独辟蹊径，成为目标明确、意志顽强、思维活跃、善于创造的创新创业型人才；诚实守信、善良包容，积极参与社会公益活动和志愿服务，在奉献社会、关爱他人的同时提升自我，成为人格独立、品德高尚、信念坚定、身心健康的高素质人才；自觉学习哈工大历史，继承哈工大传统，弘扬哈工大精神，践行哈工大校训，严守哈工大规格，练好哈工大功夫。

周玉详细解读了哈工大"规格严格，功夫到家"的校训。他指出，哈工大校训是对哈工大传统的升华，是对哈工大精神的凝练，是哈工大人的生命基石和精神图腾，是一代代哈工大人对学校核心价值、办学目标和育人理念的坚守。"规格严格"就是高标准、严要求，高规格、严规格；功夫到家是真功夫、实功夫、硬功夫、到家的功夫，是基础理论扎实的功夫，工程实践能力的功夫，追求卓越锐意创新的功夫，攻坚克难勇攀高峰的功夫。他希望新生深刻领会哈工大校训的内涵、吸收哈工大精神的精华、理解哈工大规格的实质，做哈工大校训的感悟者、哈工大精神的传承者、哈工大规格的践行者。

周玉指出，深圳校区积累了14年的研究生培养经验，第一批本科生是深圳校区新的历史里程碑的见证者，更是秉承哈工大传统、融汇深圳创新开放优势的本科教育的亲历者和受益者，期待着本科新生和研究生师兄、师姐们一起学习、一起奔跑、一起成长。周玉表示，在深圳校区度过的时光，必将成为同学们一生中最值得骄傲的岁月，希望同学们珍惜大学城与各名校资源共享、文化互融这一得天独厚的优势，把握机遇，珍惜在学校的分分秒秒，努力铸就光明的未来！

张虎代表深圳市委市政府对同学们的到来表示热烈欢迎，对奋战在教学科研和深圳校区筹建工作一线的全体教职员工表达亲切慰问。他表示，被誉为"工程师摇篮"的哈工大拥有优良的办学传统、严谨的学风校风，是深圳市高等教育发展的重要合作伙伴。哈工大深圳校区是深圳市与中国九校联盟（C9）成员合作举办的第一所具有本、硕、博完整培养体系的现代化大学校区，也必将成为探索中国高等教育改革新路径、加快建设世界科技强国的重要力量，深圳市政府将继续大力支持哈工大深圳校区建设发展。他相信在哈工大"规格严格，

深圳校区2016年开学典礼隆重举行

功夫到家"的办学风格和深圳市改革创新的城市精神共同熏陶下,同学们一定会成为具备国际视野与创新意识、具有丰富知识与过硬本领、具有强烈社会责任感和深厚人文情怀的高素质人才。期待同学们在求学期间走出校园,参与到深圳这座爱心之城、志愿者之城和创新之城的建设中,也希望同学们在完成学业后能够选择在深圳就业、创业或继续深造,在深圳实现梦想、收获幸福。

"我光荣地成为哈工大人,我将秉承求真创新的科学精神,追求和谐至善的人文精神,弘扬自强不息的民族精神……为人类的文明进步而努力奋斗!"2016级新生庄严宣誓。

(三)深圳校区 2016 迎新音乐会在深圳音乐厅演奏大厅精彩上演

9月21日,深圳校区 2016 迎新音乐会在深圳音乐厅演奏大厅精彩上演。深圳市政府副市长吴以环,哈工大原党委副书记强金龙,哈工大原副校长强文义、刘家琦,哈工大原党委副书记、副校长李绍滨,哈工大党委副书记、副校长张洪涛,校区筹建办党委书记唐杰,哈工大校长助理、校区筹建办常务副主任甄良,校区筹建办常务副主任姚英学以及校区筹建办领导刘红军、韩喜双、周超英、张素梅出席音乐会。本次音乐会由哈工大校友黄海担任董事长的深圳市鹏城建筑集团有限公司赞助。

出席音乐会的嘉宾还有深圳市各有关单位领导、南山区政府领导、兄弟院校及部分中学领导,来自海内外的哈工大校友、深圳市社会媒体代表,以及深圳校区 2016 级新生、部分教师和学生家长等长期关心校区建设和发展的各界人士,1 600 余人齐聚一堂,一同感受融汇西洋古典乐与现代流行乐的视听盛宴。晚会还进行了同步网络直播,直播峰值近万人在线,反应热烈,好评如潮。

音乐会在哈工大学生艺术团、哈工大(威海)学生艺术团和深圳校区学生艺术团的表演中正式拉开帷幕,激昂的歌声、乐曲将哈工大"一校三区"学生的良好精神风貌展露无遗。由深圳校区教职工带来的诗朗诵《光之骄子》歌颂了哈工大马祖光院士的无私奉献和爱国精神,为现场营造了感动而激扬的气氛。接着,深圳校区 2016 级本科新生为观众带来的钢琴四手联弹《匈牙利舞曲》表演,展现出高度默契,和谐配合,让观众眼前一亮。

音乐会第二乐章"千里相约"中首先登场的是赫赫有名的珠江交响乐团,他们演奏的《轻骑兵序曲》,使人仿佛看到了一支英武潇洒、精神焕发的轻骑兵队伍;小提琴演奏家马凯怡与珠江交响乐团共同演奏的小提琴协奏曲《梁山伯与祝英台》则以柔美婉转的旋律烘托出浪漫的氛围。青年女高音歌唱家费琪芳带来《玛依拉变奏曲》,悠扬的花腔女高音如同天籁,将观众带入如痴如醉的境地。

第三乐章"筑梦鹏城"由有着"中国十大青年钢琴家"之称的元杰助阵,他带来慷慨激昂的钢琴协奏曲《黄河》,气势如虹,一泻千里。元杰的演奏一气呵成,将其史诗的结构、华丽的技巧、丰富的层次和壮阔的意境巧妙地融合在了一起。演奏从气势磅礴的《黄河船夫曲》开始,经过缓慢庄严的《黄河颂》、悲愤深沉的《黄河愤》，最终落在斗志昂扬的《保卫黄河》。随着乐曲主题的不断发展，音乐展开了一幅幅抗战的壮烈画面。战马驰骋，硝烟弥漫，抗日军民英勇杀敌。音乐情绪此起彼伏，当《东方红》主题出现时整个乐曲达到最高潮。波澜壮阔的《黄河协奏曲》闪耀着时代激情的光辉，同时也映射出哈工大及深圳校区"筚路蓝缕，以启山林"的发展历程。随后，男高音歌唱家李源伟带来了《北京颂歌》，将音乐会带入新的高潮。

在音乐会的最后乐章"扬帆起航"，"中国绅士三大男高音"组合成员李源伟、冯宝宏、于敏为观众带来《我的太阳》《今夜无人入睡》，最后三位男高音联手女高音歌唱家费琪芳高歌一曲《饮酒歌》，活力与柔情兼具，将整个现场的气氛再次点燃。

音乐会在全场高唱《哈工大校歌》的歌声中圆满落下帷幕，校歌嘹亮，振奋人心。九十六载弦歌不辍，一校三区桃李满园。建校近百年来，哈工大人继承哈工大传统、弘扬哈工大精神、传承哈工大文化、践行哈工大校训、坚守哈工大规格，不断改革创新、追求卓越，攻坚克难、砥砺前行，久久为功、滴水穿石，扎扎实实练好自己的"哈工大功夫"，一代代哈工大人为国家发展和经济社会建设做出了卓越的贡献。

深圳校区 2016 年迎新音乐会在深圳音乐厅精彩上演

第四节　获批去筹　开启深圳校区办学新章

一、工信部致函教育部：同意深圳校区以单独招生代码开展本科教育并更名为哈尔滨工业大学（深圳）

2016年4月1日，哈工大党委常委会审议并原则通过了《哈尔滨工业大学（深圳）筹建办关于深圳校区去筹申报的请示》。

4月21日，哈工大向工业和信息化部提交了《哈尔滨工业大学关于哈尔滨工业大学深圳研究生院开展本科教育并更名的请示》，汇报了深圳校区自批准筹建以来各项工作进展情况，且已具备开展本科生教育的基本条件，特申请以单独招生代码开展本科生教育，同时请以工信部名义向教育部申请对深圳校区本科生教育办学条件进行检查验收，并将哈尔滨工业大学深圳研究生院更名为哈尔滨工业大学（深圳）。

4月27日，工业和信息化部致函教育部（《工业和信息化部关于哈尔滨工业大学深圳研究生院开展本科教育并更名的函》工信部人函〔2016〕156号）：

> 目前，深圳市人民政府与哈尔滨工业大学深圳研究院建立了规范高效的组织机构和管理制度；紧密围绕国家重大需求和国际学术前沿开展学科建设，规划了以理工为主体，以经济学、管理学、人文艺术类等为支撑的学科专业体系，制订完成了16个专业类的本科生培养方案，其中13个专业类已通过专家评审；形成了比较完善的教学实验、办公、体育、学生生活等技术设施体系；汇聚了一批高水平领军人才和青年精英人才。深圳市人民政府明确将

按照市属高校投资标准全额投资建设哈尔滨工业大学（深圳）。

经研究，哈尔滨工业大学深圳研究生院的办学条件和基础设施已具备开展本科教育的条件。同意其以单独招生代码开展本科教育并更名为哈尔滨工业大学（深圳）。

二、深圳市政府大力支持深圳校区开展本科教育

2016年5月27日，深圳市政府向广东省政府提交《深圳市人民政府关于支持哈尔滨工业大学（深圳）开展本科教育的承诺书》：哈工大（深圳）由深圳市人民政府与哈尔滨工业大学共同举办，并由深圳市政府全额投资，性质为公办普通高等学校。

在办学经费方面，哈工大（深圳）的筹建经费、校园规划建设经费、人才引进经费和日常运行经费等，由深圳市政府列入年度预算安排，提供充足的经费保障。深圳市政府将哈工大（深圳）纳入市属高校序列管理，享受市属高校同等待遇，按照市属高校生人均经费标准及实际招收的本科生、研究生人数给予办学经费。支持哈工大（深圳）吸引校友及企业捐赠等社会各界投入办学，积极开展继续教育和培训等活动，充分拓展办学经费筹集渠道。

在规划建设方面，哈工大（深圳）位于深圳市南山区深圳大学城内，现有校舍建筑面积20.57万平方米，其中独立的教学实验、办公、体育、学生生活用房等建筑面积12.72万平方米，共享深圳大学城图书馆、体育馆、游泳馆和大型体育场等建筑面积7.85万平方米。扩建校区位于现哈工大深圳研究生院校区东南侧，建设用地9.3万平方米，总建筑面积29.85万平方米，分为教学办公区、综合研发区、实验实训区、学生生活区共四个区域，项目投资总概算17.62亿元。教学办公区、实验实训区预计2016年12月主体封顶，学生生活区2017年3月主体封顶，2017年底全部完工，2018年3月竣工验收并交付使用。建成后，哈工大（深圳）将形成设施完整、功能齐备的校园。

在人才引进方面，深圳市将充分利用各类引才平台，积极支持哈工大（深圳）引进专业教师和高层次人才，并按照《关于促进人才优先发展的若干措施》等规定，为哈工大（深圳）在安居、子女入学、医疗等方面给予保障。

三、广东省院校设置评议委员会专家组来深圳校区考察

2016年12月2日,广东省院校设置评议委员会及专家组来深圳校区考察。深圳校区召开哈工大(深圳)设立情况汇报会,深圳市副市长吴以环出席会议,哈工大校长助理、校区筹建办常务副主任甄良做汇报。

考察专家组成员广东省教育厅副厅长魏中林、广东工业大学校长张湘伟教授、广东技术师范学院党委书记邝邦洪教授、华南农业大学副校长张岳恒教授、广东金融学院原教学督导室主任张友凯教授参加了考察。广东省教育厅发展规划处处长姚侃、副处长谭昭,深圳市政府副秘书长刘佳晨、市教育局副局长许建领、南山区政府副区长练聪、深圳大学城管理办公室主任吴惠琼、市发展改革委社会发展处处长孟锦锦、市财政委文教处处长陈昱宇、市规划国土委地区规划处处长谭权、市建筑工务署住宅工程管理站站长李卓及校区筹建办常务副主任姚英学,成员刘红军、韩喜双、周超英、张素梅、孙秀冬出席了汇报会议。

会上,院校设置评议委员会及专家组就校区实验室建设、师资队伍建设、办学目标、图书馆藏书、科研成果等问题进行了咨询,与会人员对校区建设情况进行了细致而深入的交流。

广东省教育厅专家组来深圳校区考察评议筹办本科教育工作

2017年1月9日，广东省教育厅报广东省政府《广东省教育厅关于哈尔滨工业大学深圳研究生院举办本科教育并更名的请示》，汇报了到深圳校区实地考察的情况，提出专家组一致认为哈尔滨工业大学利用哈尔滨工业大学深圳研究生院设置哈尔滨工业大学深圳校区，举办本科和研究生教育，并更名为哈尔滨工业大学（深圳）是必要的和可行的，请广东省政府同意，并以广东省人民政府名义，致函教育部正式提出支持哈尔滨工业大学深圳研究生院举办本科教育并更名哈尔滨工业大学（深圳）。

四、广东省政府致函教育部：支持哈尔滨工业大学深圳研究生院举办本科教育并更名

2017年2月20日，广东省政府向教育部提交《广东省人民政府关于支持哈尔滨工业大学深圳研究生院举办本科教育并更名的函》指出，经过2年多的筹建工作，目前哈尔滨工业大学深圳研究生院已具备同时举办本科教育、研究生教育的条件，拟利用哈尔滨工业大学深圳研究生院资源设置哈尔滨工业大学深圳校区，并更名为哈尔滨工业大学（深圳）。2016年12月，广东省高校设置评议委员会组织专家组对深圳研究生院进行了考察，专家组一致认为哈尔滨工业大学深圳研究生院举办本科教育并更名为哈尔滨工业大学（深圳）是必要的和可行的。鉴此，广东省同意哈尔滨工业大学深圳研究生院举办本科教育并更名为哈尔滨工业大学（深圳），办学经费由深圳市政府承担。根据高校设置有关规定，现报请教育部批准。

五、市校领导多次赴教育部汇报去筹工作

根据哈工大与深圳市于2014年4月28日签订的《深圳市人民政府 哈尔滨工业大学合作共建哈尔滨工业大学（深圳）协议书》：筹办期最长不超过三年。

经过深圳校区全体教职员工在过去3年的奋力拼搏，根据广东省教育厅专家组的实地考察意见，深圳校区已具备同时举办本科教育、研究生教育的条件，且广东省政府已致函教育部，表示支持哈尔滨工业大学深圳研究生院举办本科教育并更名。

此时,《协议书》规定的筹办期即将"到期",第六届全国高等学校设置评议委员会却即将到届,须于换届后组织专家组来深圳校区实地考察。

为了加快推进教育部专家组来深圳校区实地考察,在第七届全国高等学校设置评议委员会成立大会刚刚于4月10日至11日召开后,4月18日,深圳校区筹建办常务副主任甄良,陪同吴以环副市长、教育局副局长许建领一行拜访教育部原副部长杜玉波,汇报深圳校区筹办情况;4月21日,丁雪梅副校长在筹建办常务副主任甄良的陪同下,再次拜访了教育部发展规划司分管院校设置工作副巡视员楼旭庆,汇报了深圳校区筹办相关工作,并希望全国高等学校设置评议委员会尽快组织专家组来深圳校区实地考察筹办情况。

六、教育部专家组来深圳校区考察评议筹办本科教育工作

在市校领导的多次奔走,教育部的大力支持下,5月22日,教育部专家组组长、中国教育学会会长钟秉林一行来深圳校区考察评议筹办本科教育工作,在F栋102会议室举行会议。广东省教育厅副厅长朱超华、深圳市副市长吴以环、哈工大副校长丁雪梅、校区筹建办党委书记唐杰出席会议。深圳市教育局副局长许建领主持会议。哈工大校长助理、校区筹建办常务副主任甄良汇报校区去筹工作情况。

教育部专家组来深圳校区考察评议筹办本科教育工作

专家组成员包括教育部政策法规司原司长孙霄兵、浙江音乐学院党委书记褚子育、湖北省政协教科文卫体委员会副主任欧阳建平，教育部发展规划司高校设置与综合处处长于洋为联络员。广东省教育厅、深圳市发展改革委员会、深圳市财政委、深圳市规划国土委员会、深圳市建筑工务署、深圳大学城管理办公室、南山区政府相关部门领导，以及校区筹建办常务副主任姚英学，筹建办成员刘红军、韩喜双、孙秀冬等参加了会议。

钟秉林表示，教育部于2014年批准哈工大深圳研究生院筹备举办本科教育，目前，深圳校区已经达到了去筹标准，未来深圳校区应统筹协调、规范管理，为我国不断扩大优质高等教育总量做出新的探索。他对深圳校区发展提出了三点建议：一是应从改革创新的角度理顺市校合作模式，做出新的尝试和探索，为中国高等教育发展提供范本；二是在广东省办学，深圳校区应更加重视如何更好地服务地方经济发展，因地制宜设置学科专业和科研方向，实现与哈工大校本部的差异化发展；三是采取各项措施，务必保证本科生培养质量与哈工大校本部实现统一。

朱超华表示，此次教育部专家组来深圳校区考察评议筹办本科教育工作，标志着深圳在引进国内优质高等教育资源、实现创新发展等工作方面又取得了重大进展。他说，哈工大以"工程师的摇篮"之称享誉全国，在深办学15年来，在人才培养、科学研究、人才引进、社会服务等方面发挥了重要作用，对广东省、深圳市经济社会发展做出了突出的贡献。他肯定了校区的办学成果，并赞赏深圳校区的优质的本科生生源水平，他坚信在教育部的大力支持下，结合深圳的创新基因，深圳校区定将创造更多创新奇迹。

吴以环表示，高等教育是城市创新体系的重要组成部分，是科技第一生产力和人才第一资源的重要结合点。一直以来，高等教育被视为深圳发展的"短板"，为此深圳做出了不懈努力，取得了显著成果。她指出，哈工大是最早进入深圳办学的高等院校之一，深圳为促进校区发展给予了财政、土地等巨大支持，以推进校园建设和本科教育筹办工作。目前，深圳校区已具备了开展本科教育的条件。她希望在教育部和专家组的指导和帮助下，共同努力将深圳校区建设成为扎根深圳、服务国家、面向世界的高精特研究型大学。

丁雪梅代表哈工大,感谢教育部规划司及专家组对深圳校区举办本科教育开展的考察评议,并回顾了深圳校区开展的去筹工作。她表示,深圳校区举办本科教育,是深圳发展高等教育、建设国家创新型城市的迫切需要,也是哈工大不断提高办学实力、建设世界一流大学的客观需求,深圳校区将坚持继承哈工大的校训精神,积极服务广东省、深圳市经济社会发展需求,打造与世界一流大学相匹配的特色校区。她希望与会专家、领导对深圳校区未来的发展建言献策,使深圳校区更好地服务于国家重大发展战略、为深圳建成南方高等教育中心和国际科技、产业创新中心做出更大贡献。

甄良汇报了深圳校区筹建工作,介绍了深圳校区举办本科教育的背景、必要性和可行性,以及举办本科教育的条件和办学规划,并表明了深圳校区将整合资源,尽全力办好本科生教育的强烈愿望和坚定决心。

与会专家、领导就深圳校区干部管理、财务制度、市校双方权利与义务、本科生培养计划和目标等方面的内容进行了深入交流和探讨,为校区扎实开展好教育和科研工作给出了详细的指导和建议。

教育部专家组一行还视察了深圳校区电力电子与电力传动研究中心、微纳光电技术与系统工信部重点实验室等科研、教学实验室,走访了本科生校区扩建工程工地。

七、教育部复函同意校区正式举办本科教育

2017年7月,教育部致函工信部、广东省人民政府《教育部关于同意哈尔滨工业大学深圳校区开展本科教育的函》教发函〔2017〕86号),认为以哈尔滨工业大学深圳研究生院为基础,设立的哈尔滨工业大学深圳校区已具备开展本科教育的条件,可以开展本科教育并安排单独招生代码(18213),招生计划在哈尔滨工业大学年度招生总规模内统筹解决。

自获得教育部批准筹备举办本科生教育以来,在深圳研究生院14年的研究生教育基础上,深圳市、哈工大共同合作,加快推进校园建设,形成了深圳校区清晰的办学思路和发展规划,明确了学科和专业的设置方案,稳步提高教学与科研水平,建立了一支起点高、结构合理的师资队伍,形成了有力的办学经费保障

机制，具备了开展本科生教育的各项基本条件。

经过两年的筹备建设，深圳校区的校园建设、师资队伍建设、各项基本办学条件进一步改善，已符合开展本科生教育的条件。

（一）办学规模

深圳研究生院是2002年2月经教育部批准，由哈工大与深圳市政府共同创办的以理工科为主、培养全日制研究生的办学实体。2005年9月，深圳研究生院进入全过程培养研究生阶段；2009年12月，哈工大与深圳市政府签署新的市校合作备忘录，首次提出开展本科生教育；2014年5月，深圳研究生院获教育部批准筹办本科教育，市校双方签署合作共建哈工大（深圳）协议。按照现有办学条件，计划2017年招收普通全日制本科生500人。到2023年，深圳校区教师将达到900人，在校生将达到10 000人，其中本科生5 500人、硕士及博士研究生3 500人、来华留学生1 000人。

（二）学科与专业

深圳校区自成立以来，始终坚持以国家重大需求和国际学术前沿为方向开展学科建设，形成了涵盖工学、理学、管理学、经济学4个学科门类的学科体系。设有9个学院、22个国家一级学科及31个研究中心、37个市级以上重点实验室、工程实验室、公共技术服务平台和南山区创新机构。深圳校区的学科设置充分考虑与珠三角的经济、科技、教育、文化发展方向相适应，强化产学研用结合，建立了信息工程、材料科学与工程、环境科学与工程、土木工程、电子科学与技术等一批高水平学科，为举办本科教育奠定了良好的学科基础。

（三）师资队伍

深圳校区有237名全职教师。全职教师中博士比例达到98.7%，有海外留学或工作经历的有196人，占比82.7%；外籍教师29人，占比12.2%。教师队伍中有全职工作的两院院士2人、中组部"千人计划"特聘教授7人、国家杰青/长江学者9人、国家百千万人才工程4人、科技部创新人才推进计划1人、教育部新世纪优秀人才支持计划15人、中组部"青年千人计划"学者10人、国家优青2人、深圳市鹏城学者19人、国务院政府特殊津贴专家3人。充分利用哈工大校本部、境外高校和深圳大学城兄弟院校的资深教师资源，聘请了150多名来自哈工大本部和世界知名高校、科研院所的高水平专家、学者担任非全职教师，其中包括十余位两院院士。深圳校区利用深圳的人才引进优势，储备了一批高素质、专业化的教师队伍，2017年正式招生举办本科教育时，专任教师人数将达到486人。

（四）教学与科研水平

深圳校区始终坚持教学与课程体系的国际化，专业课程的年均全英文授课比例达到50%，双语授课比例保持在75%以上，90%的专业课和专业基础课采用国外一流原版教材；利用深圳高新科技企业众多的有利条件，积极探索研究生培养模式改革，率先实践校企联合培养研究生，经校企联合培养的学生具备专业基础扎实、动手能力强、项目上手快、综合素质高等优势，受到企业的广泛认可。深圳校区致力于推动科技进步与技术创新，历年累计科研经费超过9亿元，承担科研项目2 400余项，申请国家专利757项，其中授权专利305项。近5年来，获得各级各类科研项目经费约6.7亿元，其中国家自然科学基金约7 500万元；累计牵头承担国家"863"专项、国家自然科学杰出青年基金、国家自然科学基金重点项目、国家科技重大专项、国家科技支撑计划等高水平任务60余项；教师共发表SCI检索论文2 365篇，授权专利390项；获得国家级科技奖项7项、省/部级科技奖35项。通过研究和积累，取得了一批有影响力的重大科研成果，催生了一批具有创新性、能带动产业升级的高新技术，形成了若干国际知名、国内领先的重要科技创新平台集群，现有各级重点实验室、工程实验室、公共技术服务平台共计37个，其中按国家级标准筹建重点实验室3个，市级重点实验室11个、工程实验室13个、公共技术服务平台7个，能很好地为本科教学服务。

（五）基础设施

1. 土地和建筑物

深圳校区自有总占地面积31.68万平方米，可利用的深圳大学城共享用地29万平方米；深圳校区自有建筑总面积为13.92万平方米（含教学科研行政用房7.24万平方米），可利用的深圳大学城共享建筑面积7.85万平方米（含图书馆、体育场馆）。到2017年底，深圳校区将新增教育教学用房29.85万平方米，自有总建筑面积增加至43.77万平方米（包括教学科研行政用房 26.87 万平方米），可满足培养 9 000 名以上全日制学生（其中本科 5 500 人，研究生 3 500 人）的需要。

2. 实验室建设

根据《哈尔滨工业大学（深圳）本科生教育发展与建设规划》，本科教学实验室将按照"统一规划、分批建设"的原则，分五年进行建设。2015 年 12 月，本科教学科研实验室建设方案通过哈工大组织的专家评审；2016 年 1 月，《本科教学与科研实验室资金申请报告》通过深圳市政府投资项目评审中心专家评审，预计建设经费额度为 9.03 亿元。2016—2017 年度建设经费预算约为 3.84 亿元，启动物理实验室、化学实验室、理论力学实验室、计算机及仿真技术实验室、工程设计表达与分析实验室、电工电子实验室等教学实验中心及"微纳科技基础创新平台""创新材料研究中心"和"生命健康研究中心"等 3 个理工基础创新平台的建设工作。2018—2020 年度将陆续启动并完成各类实验室建设，建设经费约为 5.19 亿元。

3. 图书馆和体育设施

深圳校区设在深圳大学城内，与清华大学深圳研究生院、北京大学深圳研究生院共享大学城的图书馆、体育设施、会议中心等设施。深圳大学城现有可共享的公共设施包括：图书馆 1 座，室内体育用房有体育馆 1 座、游泳馆 1 座、体育场 1 个，拥有室外标准灯光篮球场 16 个，室外标准灯光网球场 15 个，室外标准灯光排球场 8 个，总建筑面积 7.85 万平方米。已建成的深圳大学城图书馆建筑面积为 4 万平方米，拥有网络节点 1 700 个（全馆无线网络覆盖），近 2 500 个阅览座位，日可接待读者 8 000 人次。截至 2016 年 11 月底，有纸质图书 86.89 万种 149.78 万册，2016 年文献购置经费为 3 500 万元，能满足三校教学科研的需求。

八、以新的精神，迎接新的挑战，创造新的业绩

2017 年 7 月 17 日，哈工大党委书记王树权、校长周玉一行会见了广东省委常委、深圳市委书记王伟中，并来深圳校区指导工作。

王伟中对王树权书记、周玉校长的到来表示热烈欢迎，对深圳校区获教育部

批准开展本科教育表示衷心祝贺。他指出,深圳正贯彻习近平总书记系列重要讲话精神和治国理政新理念新思想新战略,深入推进创新驱动、转型升级,欢迎哈工大领导及专家学者来深交流与合作,为深圳市与哈尔滨市的对口合作做出贡献,促进两座城市共同加快发展步伐。他表示,深圳市委、市政府将一如既往地支持哈工大(深圳)的发展,未来将与哈工大共同锐意进取,改革创新,走出一条具有深圳特色的高等教育改革发展新路,为全国高等教育改革提供新经验,为深圳建设现代化国际化创新型城市添砖加瓦,为哈工大创建"双一流"贡献力量。

王树权在讲话中指出,他此行来访深圳,一是会见王伟中书记,感谢深圳市委、市政府长期以来对哈工大在深办学的支持;二是探讨市校双方今后进一步深化合作、促进共同发展的途径。他表示,过去3年,经过市校双方共同努力,深圳校区去筹工作推进得扎实有力,并于近期获得了教育部批准正式举办本科教育。去筹后,深圳校区既是哈工大"一校三区"的重要组成部分,也是广东省、深圳市的一所大学。他希望深圳市委、市政府对深圳校区在人事、经费和科研平台建设等方面给予更大支持,助力建设国际化、高水平校区。深圳校区也将抢抓机遇、顺势而为、创新发展,树立哈工大(深圳)教育品牌,为国家及区域经济社会发展贡献力量。

周玉在讲话中指出,哈工大将以深圳校区去筹为契机,充分利用深圳经济社会发展优势,将深圳校区办出水平和特色。他强调,深圳校区远期发展目标是建成中国领先、世界前列的理工科大学,为深圳市构筑人才高地、建设创新平台、提高城市文化品牌和科技竞争力贡献力量。他表示,为达成这一建设目标,深圳校区发展仍需深圳市提供强有力的政策、资源支持,相信在市校双方的通力合作和共同努力下,深圳校区必将把握历史机遇,将办学发展推向新高度。

深圳市副市长吴以环,以及深圳市委、市政府相关单位人员也参加了会见。

当天上午,哈工大党委书记王树权听取了哈工大校长助理、校区筹建办常务副主任甄良,筹建办党委副书记张敏做的工作汇报,对深圳校区未来办学发展提出了四点指导意见。

一是十五年来,深圳校区的发展得益于广东省委、省政府,深圳市委、市政府的高度重视,哈工大校本部和广大校友的大力支持,更得益于深圳校区一批具有创业、敬业精神教职工的开拓进取和奋力拼搏。未来办学，深圳校区应认真总结成功的经验，充分依靠地方政府，传承开拓进取、奋力拼搏的创业敬业精神，加快推进与世界一流大学相匹配的特色校区建设。

二是深圳校区圆满完成了"去筹"任务，迈入了新的发展阶段，开始了新的征程，多项利好并存、责任更加繁重、机遇尤为难得，任重道远、前途光明。深圳校区应努力成为高等教育改革的试验田、汇聚高端人才的桥头堡、国际化办学的示范区，在哈工大"一校三区"办学发展中起到示范引领作用。

三是深圳校区应以新的精神，迎接新的挑战，创造新的业绩：不忘初心，善始善成，巩固和提升研究生培养质量，扎实做好本科生和研究生培养体系的融合工作，在各方面努力取得优异成绩，以发展求支持，以贡献求地位，找准与区域经济社会发展的契合点，不断提升深圳校区社会影响力。

四是深圳校区必须抓牢、做好高校党建、思想政治和意识形态工作。应以落实习近平总书记在高校思想政治工作会议上的讲话精神为切入点，时刻保持政治清醒、切实提高政治站位、深入增强"四个意识"，旗帜鲜明、敢于亮剑。深圳

哈工大党委书记王树权一行检查本科校区扩建工程、学生宿舍改造项目

校区应加强对入职教师思想政治方向的把关,不断加强学工、辅导员、班主任队伍建设,工作方法和机制可以有创新,但必须落实到位,不允许工作中存在空白点。

  王树权还检查了本科校区扩建工程、学生宿舍改造项目,并指出,建设工程总体情况令人振奋。深圳校区应充分利用深圳经济社会发展优势,做好校园基础设施建设和学生宿舍改造等项目规划,不断加强安全管理,建设和谐稳定文明的校园环境。

规格严格 功夫到家

第五章 继往开来：促腾飞

2018年1月15日,深圳暖冬和煦的熏风,浸润着荔园内外,深圳市副市长高自民,中国工程院院士、哈工大校长周玉,哈工大党委常务副书记熊四皓一行到深圳校区宣布深圳市委、哈工大党委决定,哈工大校长周玉兼任哈工大(深圳)校长,深圳市盐田区原区委副书记、区长吴德林任哈工大(深圳)党委书记,哈工大校长助理、哈工大(深圳)筹建办常务副主任甄良任哈工大(深圳)常务副校长,主持日常行政工作。

深圳校区召开主要领导任职宣布大会

高自民高度肯定了哈工大长期以来在深办学取得的成就，并高度评价了哈工大（深圳）筹建办对校区建设做出的巨大贡献。他指出，哈工大（深圳）在长期的办学过程中，确立了专业化、特色化、国际化的办学导向，汇聚了一支"大师引领、骨干支撑、后备发展、专兼结合"的教师队伍，设立与深圳市经济社会发展密切相关的9个学院，师资队伍建设成绩喜人、人才培养质量稳步提升、本科招生生源质量高，获批建设广东省实验室、工信部重点实验室等科研平台，为深圳市高新技术企业发展注入强劲力量。高自民代表市委市政府对哈工大（深圳）未来的发展提出五点要求。第一，要坚持社会主义办学方向，认真学习贯彻习近平新时代中国特色社会主义思想和党的十九大精神，推动习近平新时代中国特色社会主义思想和党的十九大精神在哈工大（深圳）落地生根，把哈工大（深圳）建设成为"中国特色、深圳气质、世界一流"的研究型大学样板。第二，要把思想政治工作贯穿教育教学全过程，全面贯彻党的教育方针，建设一支高水平思想政治工作队伍，以理想信念教育为重点，以社会主义核心价值观为引领，不断加强思想政治工作。第三，要聚焦国家和深圳发展需要，紧紧围绕国家和深圳的发展需要，大力吸引、聚集、培养一流人才，优化学科结构，完善人才培养体系，着力提升人才培养质量，加大高层次人才的引进力度，以科研带动教学，以教学推动科研，成为人才和科研的高地，为深圳实施创新驱动发展战略、建设现代化国际化创新型城市做出贡献。第四，要不断加强领导班子建设，要把党的政治建设摆在首位，把政治建设作为根本性建设，强化政治凝聚力。第五，要严格遵守中央"八项规定"，注重从小事小节加强约束，加强师德师风建设，营造风清气正的政治生态和育人环境。

周玉在讲话中对深圳市委市政府多年来给予哈工大的支持表示感谢，对唐杰同志为哈工大（深圳）筹建工作付出的努力和做出的贡献表示敬意，对吴德林书记正式加入深圳校区、成为一名"哈工大人"表示诚挚的欢迎。周玉表示，当前的深圳校区是奋斗拼搏的搏击场、是施展才华的舞台、是茁壮成长的沃土。2002年以来，哈工大在深办学，历经深圳研究生院建设发展阶段、深圳校区筹建阶段，到深圳校区正式成立，哈工大人在"筚路蓝缕，以启山林"的路上，秉承时不我待的精神，兢兢业业、用心办学，用所创造的业绩来回报一直大力支持哈工大发展的深圳人民。

  周玉对哈工大（深圳）工作提出了十一点希望。第一，要认真学习贯彻落实党的十九大精神，认真领会习近平新时代中国特色社会主义思想，在学懂、弄通、做实上下功夫，将习近平新时代中国特色社会主义思想和党的十九大精神落实到校区发展的全过程中。第二，要牢牢把握哈工大（深圳）进入新时期的新任务。全体教职工要以校区去筹设立、开办本科教育为契机，主动对标世界一流大学的要求，充分发挥哈工大的品牌优势、办学资源优势和深圳市的区位优势、创新优势，树立新目标、踏上新征程、彰显新气象、做出新成绩、谱写新篇章，为校区师生谋利益，为校区建设谋发展。第三，要牢牢把握立德树人、人才培养这一根本任务。每位领导干部、教职工都是人类灵魂的工程师，第一要务是把学生教好，要学为人师、行为世范，立德树人先立己。第四，要高标准、严要求，加强师资队伍建设。要充分利用深圳改革开放前沿的先进理念、管理理念，重视体制机制创新这一内生动力，推进聘任制改革，实行分类管理，严把进人关。第五，要加强校区各级领导班子建设。选优配强，建立起高素质、专业化、忠诚、干净、担当的干部队伍，实现管理服务队伍岗位稳定化、业务专业化、服务人性化、工作精细化、作风高效化，提升管理服务水平。第六，科学研究要进入国家队。加快建设重点实验室集群、国家实验室分室等高端研究平台，认真规划前沿交叉学科，完善学科建设，更多地争取国家项目，加快推动科技成果转化，服务国家和地方创新驱动发展。第七，要优化资源配置。多渠道筹集资金，建立科学的管理使用机制，合理利用固定资产。第八，要做好信息化建设。加快建设数字智慧校园，提升管理模式和管理效率。第九，要进一步做好党风廉政建设，严守"八项规定"，反对"四风"，严格把控经济安全、财务安全，确保法律、法规、各项政策的执行。第十，要坚守传承哈工大规格。坚持哈工大有且只有一个规格的质量意识，统一规格、统一要求、统一标准，弘扬传统、固本求新、夯实底蕴，从而形成统一品牌、统一质量。第十一，要重视文化传承与积淀。坚持把大学精神、大学文化作为校区建设的重心，注重弘扬哈工大近百年的精神传统、注重吸收深圳地处改革前沿的创新文化、注重积累校区团结向上的奋进精神，推动哈工大精神、哈工大校训、深圳精神在校区落地生根。

吴德林表示，15年来，哈工大（深圳）在市校双方的合力推动下，在全体教职工的奋力拼搏下，各项工作都取得了突出成绩。来到哈工大（深圳）任职，深感荣幸，倍感责任重大。在今后工作中，将全力以赴，做到以行动践行忠诚、以勤勉体现担当、以团结凝聚力量、以创新铸就辉煌。他表示，自己将谨遵哈工大"规格严格，功夫到家"的校训精神，恪尽职守、励精图治，与全体哈工大人一起努力，为实现"中国特色、世界一流、哈工大规格"的百年强校梦而不懈奋斗。

甄良表示，到校区工作的两年期间，在深圳市委市政府的大力支持下，在哈工大校本部的全力帮助下，顺利推进了本科生招生、哈工大（深圳）去筹、新校区建设等重要工作，取得了一定的成效。学校发展进入新阶段、校区发展进入新时期，被任命为哈工大（深圳）常务副校长，要求更高、任务更重，深感压力和责任，定将重拾勇气、再鼓干劲、不忘初心、牢记使命，尽自己最大努力，做出更大的贡献。

会上，深圳市委组织部副部长邱浩航宣读了《中共深圳市委组织部关于成立中国共产党哈尔滨工业大学（深圳）委员会的通知》和《关于吴德林同志任职的通知》。熊四皓宣读了《中共哈尔滨工业大学委员会关于周玉、甄良同志任职的通知》。

哈工大（深圳）筹建办临时党委书记唐杰在讲话中感谢哈工大（深圳）全体教职工过去两年多对他的支持，并为参与到学校建设中而深感荣耀。他表示，今天是哈工大（深圳）关键性的历史时刻，期待新的领导班子能带领哈工大（深圳）走向新的辉煌。

等闲磨砺光芒出，划断青天万里云。对于年轻的哈工大（深圳）来说，这是难忘的一天。崭新的哈工大（深圳），依托着哈工大深圳研究生院的累累积淀，迈出了稚嫩而坚实的第一步。哈工大（深圳）将肩负新的历史使命，为哈工大建设世界一流的百年强校做出引领示范，坚持高起点、高标准、国际化，坚守哈工大人才培养规格与特色，吸收世界一流大学先进经验，大力引进国际高端人才，积极投身粤港澳大湾区的建设，为深圳建设中国特色社会主义先行示范区、创建社会主义现代化强国的城市范例贡献力量，为实现中华民族伟大复兴的中国梦彰显哈工大担当、做出哈工大贡献、交出哈工大答卷。

第一节　构筑高等教育改革试验田

深圳校区位于深圳大学城西南侧，占地 33.89 万平方米，已建成建筑面积 44.92 万平方米。下设 10 个学院和 4 个研究院，涵盖理、工、管、经、文、艺 6 个学科门类，23 个国家一级学科和 15 个全日制专业学位点，其中包括 8 个国家一级重点学科，13 个全国第四轮学科评估 A 类学科，7 个国家"双一流"建设学科和 4 个广东省"高水平大学建设计划"重点建设学科。

深圳校区共有教职工近 900 人，其中全职教师近 450 人，全职实验系列教师 70 余人。全职教师中，教授近 150 人、副教授（含其他副高级职称）140 余人，教师博士化率约为 96.03%；具有海外留学或工作经历的教师约占全职教师的 78.57%，外籍教师及中国港澳台地区教师约占全职教师的 7.86%。

深圳校区拥有 52 个各级科技创新平台，包括 1 个工信部重点实验、1 个广东省重点实验室、1 个广东省工程技术研究中心，19 个深圳市重点实验室、18 个深圳市工程实验室、8 个深圳市公共服务平台、1 个深圳市工程研究中心和 3 个深圳市南山区创新机构。

截至 2019 年底，共有全日制在校生 6 208 人，其中本科生 2 686 人、硕士生 2 735 人、博士生 787 人（含双基地）。

一、发展历程：筚路蓝缕　以启山林

（一）历年大事记

2001 年 5 月，深圳市政府与哈工大签订《市校合作创办哈尔滨工业大学深圳校区协议书》。

2002年2月，教育部批准设立"哈尔滨工业大学深圳研究生院"。

2003年9月，哈工大深圳研究生院与清华大学深圳研究生院、北京大学深圳研究生院一起进驻深圳大学城。

2005年9月，深圳研究生院进入全过程培养学生阶段。

2009年12月，深圳市政府与哈工大签订《市校合作办学备忘录》，提出开展本科教育。

2012年5月，中共中央政治局常委、哈工大校友李长春到深圳研究生院视察。

2012年6月，深圳研究生院成立十周年。

2014年4月，深圳市政府与哈工大签订《市校合作共建哈尔滨工业大学（深圳）协议书》。市校双方在深圳研究生院基础上，合作共建本硕博教育体系完备的"哈尔滨工业大学（深圳）"。

2014年5月，教育部批准深圳研究生院筹备举办本科教育，原则上同意哈尔滨工业大学深圳研究生院设立单独招生代码开展本科教育。

2015年9月，经深圳市人民政府和中共深圳市委教育工委同意，哈工大（深圳）筹建办公室及临时党委相继设立。哈工大校长周玉任筹建办主任，深圳市原副市长唐杰任临时党委书记，深圳研究生院院长姚英学任筹建办常务副主任，深圳研究生院党委书记张敏任筹建办临时党委副书记。

2016年1月，周玉校长主持召开筹建办2016年第1次会议，会议进一步强调了党政联席会制度为哈工大（深圳）筹建办日常运行管理制度，会议为党务内容时由筹建办党委书记主持，为行政内容时由筹建办主任或常务副主任主持。应抓紧制定联席会议议事规则等制度。会议决定对筹建办成员的行政工作分工做部分调整：甄良协助周玉校长负责筹建办日常行政工作，负责人事与财务工作；姚英学负责学科建设和发展规划工作，协助甄良分管财务工作；刘红军分管科研工作；周超英分管研究生培养工作；张素梅分管外事工作，协助甄良分管人事工作。其余分工不变。

2016年7月，深圳校区首次面向全国12个省市录取机械类、材料科学与工程类、计算机类、电子信息类、土木类、经济学类本科生共376名。就录取分数线来看，在 11 个省份的录取最低分超重点线 80 分，8 个省份的录取最低分超重点线 100 分。

2017 年 7 月，教育部批准深圳校区正式开展本科教育；10 月，"哈尔滨工业大学（深圳）"经深圳市机构编制委员会批准正式成立；12 月，"中共哈尔滨工业大学（深圳）委员会"经中共深圳市委组织部批准正式成立。

2018 年 1 月，深圳市委、哈工大党委公布深圳校区主要领导任职。哈工大校长周玉兼任深圳校区校长，深圳市盐田区原区委副书记、区长吴德林任深圳校区党委书记，哈工大校长助理甄良任深圳校区常务副校长。

7 月，深圳校区面向全国 18 个省（市、自治区）首次以单独招生代码（18213）招收优秀本科生 760 名，其中在广东省招生人数为 157 人，理科投档线居省内高校之首。

8 月，深圳校区本科生校区扩建工程正式交付使用，本科生校区建设用地面积 9.32 万平方米，总建筑面积 29.85 万平方米，包括教学办公区、实验实训区、学生生活区、综合研发区四个区域共 11 栋单体建筑。

12 月，中共中央政治局原常委、哈工大校友李长春再次视察深圳校区，听取了深圳校区办学情况汇报，表示深圳校区的发展非常喜人，他作为当年参与深圳研究生院创办的校友感到非常欣慰，证明当时各个方面齐心合力创办深圳研究生院的决定和努力是正确的，是经得住历史检验的，同时随着时间的推移，更加显示出意义之重大。

"我感到深圳校区的发展，第一办学起点高，第二发展速度快，第三国际化程度高，第四表现出了比较强的向心力。从深圳校区的发展实践看，这是一个多赢的项目。我作为这个事情的参与者，感到很欣慰、很自豪，也很兴奋。"李长春校友说。

（二）翻开新一页

岁月不居，时节如流。2019 年新春伊始，深圳校区徐文福教授及其团队研制的大型仿生扑翼机器人以凤凰的姿态惊艳亮相 2019 年央视春晚深圳分会场的舞台，40 只象征着祥瑞和谐、昭示人民美好生活的仿生凤凰机器人以优美的姿态飞越天际，为 2019 年春晚增添了一抹哈工大（深圳）色彩。

深圳校区徐文福教授团队自主研制的仿生扑翼机器人亮相2019年央视春晚

这一年,"不忘初心、牢记使命"主题教育是深圳校区各项工作中的重头戏,79个党组织、1 419名党员参加"不忘初心、牢记使命"主题教育。各级党组织和广大党员围绕"守初心、担使命,找差距、抓落实"的总要求,聚焦"理论学习有收获、思想政治受洗礼、干事创业敢担当、为民服务解难题、清正廉洁做表率"的目标要求,把学习教育、调查研究、检视问题、整改落实贯穿主题教育全过程,取得了显著成果。主题教育期间,深圳校区与深圳交响乐团联合主办的"不忘初心、牢记使命"金色的十月爱国主义交响音乐会在深圳大学城会议中心奏响,来自深圳大学城以及哈工大(深圳)实验学校的近千名师生共同上了一堂别开生面的爱国主义"思政课"。

这一年,省教育厅、省发改委、省科技厅联合公布广东省高等教育"冲一流、补短板、强特色"提升计划建设高校,深圳校区入选其中的广东省高水平大学重点学科建设高校,入选的重点建设学科是材料科学与工程、计算机科学与技术、机械工程、环境科学与工程。

深圳校区"不忘初心、牢记使命"主题教育动员部署会议

这一年，深圳校区本科招生再创佳绩，在全国20个省份招收1 000名本科生。除浙江（高考综合改革试点）、江苏（高考总分为480分）两省外，在其他18个省份的录取提档线均超过重点线100分以上。录取考生在所在省份理科位次达到省前0.2%至1%的省份达15个。在全国高校中平均排位第13名，在全国"双一流"高校中平均排位第11名。其中在广东最低录取线622分，超过"高优线"127分。深圳校区学子在全国各类竞赛中表现亮眼，在各类竞赛中获得省级以上奖项80余项，其中全国大学生英语竞赛全国特等奖3项、全国大学生信息安全竞赛一等奖1项、全国大学生数学竞赛决赛全国二等奖2项，青年创客俱乐部获"广东省优秀学生社团"，3篇博士论文获第二十一届哈工大校级优秀博士学位论文。

同样是这一年，9月19日深圳校区落子基础教育，南山区政府与深圳校区合作举办的实验学校揭牌。双方将在桃苑实验学校基础上合作办学，更名后的哈尔滨工业大学（深圳）实验学校正式揭牌，这是深圳校区和南山区进一步整合资源、充分发挥各自优势的有益尝试。

2019年11月，广东省省长马兴瑞在听取了深圳校区发展建设汇报后，对深

深圳校区实验学校揭牌仪式

圳校区成立后所取得的成绩给予充分肯定。他表示，广东省在制造强省的建设过程中，需要有至少两所工科高校提供人才、科研、成果转化等方面的支持，广州市是华南理工，深圳市就是哈工大（深圳）。他赞同深圳校区扩大办学规模的发展方向，广东省和深圳市将全力支持深圳校区的下一步发展，并争取得到教育部的支持；深圳校区要加紧谋划，抓好落实，不断取得新的成绩。

（三）创造新业绩

心有所期，手有所得。以梦为马，不负韶华。时至今日，深圳校区已成为哈工大"一校三区"的重要组成部分和深圳市高等教育体系的重要成员：

深圳校区的设立是哈工大为努力建成"中国特色、世界一流、哈工大规格"的百年强校迈出的重要一步，将坚持高起点、高标准、国际化，坚守哈工大人才培养规格与特色，吸收世界一流大学先进经验，大力引进国际高端人才，努力为哈工大建设世界一流的百年强校做出引领示范。

深圳校区的设立是深圳抢抓机遇、促进高等教育实现跨越式发展的一项重要成果，对深圳加快构建具有深圳特色的国际化、开放式、创新型高等教育体系将形成强有力的支撑，将积极投身粤港澳大湾区的建设，为深圳建设中国特色社会主义先行示范区、创建社会主义现代化强国的城市范例贡献力量。

深圳校区以研究生教育为基础举办本科教育的办学模式，也成为我国异地办学和自上而下办学的典范，对我国高等教育体制机制改革、新兴经济发达地区高等教育的创新发展具有重要的借鉴意义，将为实现中华民族伟大复兴的中国梦彰显哈工大担当、做出哈工大贡献、交出哈工大答卷。

二、建设领导班子：完善工作分工　设立校长助理

2018年6月6日，经哈工大党委常委会十二届37次会议讨论，并商深圳市委组织部同意，决定姚英学任深圳校区副校长。

7月19日，召开深圳校区党委（扩大）会，决定由张敏任工会工作负责人，负责工会、教育发展基金、校友、与中小学合作办学等工作。

2019年9月5日，召开深圳校区党委（扩大）会，同意任命韩喜双、马广富、梁大鹏为校长助理。

根据9月27日深圳校区党委（扩大）会第13次会议精神，确定领导班子成员联系学院情况及校长助理分工情况如下：

吴德林，联系机电工程与自动化学院、马克思主义学院；甄良，联系土木与环境工程学院、经济管理学院；姚英学，联系计算机科学与技术学院、人文与社会科学学院；韩喜双，联系材料科学与工程学院、空间科学与应用技术研究院；马广富，联系电子与信息工程学院、建筑学院；梁大鹏，联系理学院。

韩喜双，校长助理，协助副校长姚英学管理有关工作，联系资产管理处、网络与计算中心、档案与校史馆；马广富，校长助理兼教务部部长，协助党委书记吴德林管理有关工作，联系教务部；梁大鹏，校长助理兼人力资源处处长，协助常务副校长甄良管理有关工作，联系人力资源处、继续教育学院。

三、行政教辅体系：服务办学目标　满足管理需求

深圳校区以"依法依规，用好政策；遵循规律，实事求是；立足当前，面向长远；解放思想，改革创新"为基本原则和要求，共设置13个职能部门与5个直属单位，全面服务于深圳校区的办学目标，基本满足管理与服务需求。

（一）学校办公室

含督查与法务办、保密与信息化办，具体职能如下：

1.综合办（常委会、文秘、联系领导）：深圳校区常委（扩大）会，书记办公会，校长办公会的会务安排及会议纪要；材料撰写；机要；收发文；印章和法人证书更新、年审、管理及使用；领导日程协调及安排；校区领导工作联络。

2.外联办（外联接待、综合保障）：外联接待；政府关系；大型会务安排协调；来访和调研活动安排；领导会议室管理；电话管理；深圳校区VI管理；校服、文具、纪念品、报纸邮件等物品订制和采购；部门预算；部门固定资产。

3.上级单位和深圳校区领导交办的其他工作。

4.督查与法务办公室挂靠学校办公室，负责督办深圳校区常委会、书记办公会、校长办公会决策事项的落实情况，深圳校区年度工作计划的完成情况，以及书记、校长批示意见的落实工作，并根据要求做好专项督办；负责依法治校的统筹推进工作，参与深圳校区重要规章制度的制定和实施，为深圳校区的重要工作、重大决策事项评估法律风险、出具法律意见；协助管理、审核合同，参与重大合同的谈判和起草工作；协调深圳校区法律顾问；开展法制宣传活动；接受深圳校区各单位的法律咨询。

5.保密与信息化工作办公室挂靠学校办公室，负责深圳校区机要文件和保密文件的接收、阅办、管理、销毁工作，协调、监督、检查各单位的保密工作，组织开展保密宣传教育和保密业务培训，会同科学技术处开展军工项目的保密管理工作，组织或配合有关部门查处泄密事件；负责履行深圳校区信息化建设领导小组的职能，负责指导、协调、督促学校信息化、网络安全和保密管理等方面的工作，主要职责包括起草深圳校区信息化和网络安全的发展战略、总体规划、年度工作要点、规章制度，统筹安排和使用深圳校区信息化专项资金，组织协调深圳校区重大信息化建设项目的论证、立项、验收评估、过程监督，

以及负责深圳校区信息系统、信息设备和存储设备安全保密管理工作等。

（二）党委组织部/党委统战部

1. 贯彻执行中央关于组织工作的路线、方针、政策；负责基层党组织建设；负责党员发展、教育、管理和服务；负责中层领导班子建设；负责中层领导人员队伍建设，包括担任五级、六级管理岗位领导职务领导人员和非领导职务领导人员的选任、管理、考核、纪实，后备干部选拔、培养和管理等，干部挂职、向校外推荐输送干部等；负责党员干部教育培训；专项工作，包括党的群众路线教育实践活动、"三严三实"专项教育、中央专项巡视、"两学一做"学习教育常态化制度化、中组部"一报告两评议"、党委书记抓基层党建工作述职评议考核等；组织部门自身建设。

2. 负责开展深圳校区统一战线理论和政策的宣传教育工作，做好民主党派和党外知识分子工作，支持他们积极参与深圳校区的民主管理和民主监督，做好党外人士政治安排、实职安排和社会安排的举荐工作；做好以祖国统一为重点的海外统战工作、侨务工作和对台工作，团结归侨、侨眷、台胞、台属，贯彻落实党的民族宗教政策。

3. 负责工会、计划生育、教代会工作和精准扶贫工作。

（三）党委宣传部/党委教师工作部

含教师工作部、维稳办公室，具体职能如下：

1. 负责深圳校区宣传思想工作和新闻宣传工作的组织和管理。负责研究、宣传党和国家各项路线方针政策和深圳校区的大政方针，指导深圳校区理论宣传教育和理论学习活动的开展；负责组织深圳校区党委理论学习中心组学习，检查、督促、协调、指导基层党委理论学习中心组、基层党组织的理论学习活动；负责管理和协调校内媒体，负责新闻报道以及校级新闻发布会的组织筹备工作；负责意识形态领域各项工作，把握舆论导向，在社会上树立学校的良好品牌形象；负责深圳校区精神文明建设和校园文化建设工作。统筹安排深圳校区新闻宣传工作，负责深圳校区官方新闻网、官方微博、官方微信等传统媒体和新媒体宣传平台的管理和运行，负责深圳校区宣传员队伍和通讯员队伍的建设。

2. 教师工作部挂靠宣传部：充分发挥深圳校区党委在人才工作中的核心领导

作用，统筹开展教师思想政治教育和师德师风建设工作，调查研究教师思政工作动态与意识形态，为深圳校区党委提供决策依据；引导和教育广大教师以德立身、以德立学、以德施教，加强教师的思想政治教育和职业道德教育，建立健全师德师风建设的长效机制，着力打造一支德才兼备、素质优良、结构合理、可持续发展的符合创建世界一流大学要求的教师队伍。

3.维稳办公室：负责排查、化解和处理可能影响深圳校区稳定的重大矛盾和突出问题，预防、协调和处置严重危及学校财产安全、师生生命和财产安全、校园秩序和公共安全的突发事件和群体性事件，按照上级主管部门要求及时报送维稳信息，建立校园维稳应急反应机制，保障校园和谐稳定大局。

（四）纪检监察办公室

承担深圳校区纪检监察工作和审计工作：

1.纪检监察工作：监督检查党的路线、方针、政策和决议，国家的法律、法规和政策及深圳校区的决议、决定、规章制度的贯彻执行情况；组织协调深圳校区党风廉政建设和反腐败工作；接待、受理党的组织、党员、群众对深圳校区各级党组织、党员在党的纪律方面和领导干部在行政纪律方面的检举、建议、反映等；协助查处违犯政纪的案件；受理深圳校区党员、领导干部对处分不服的控告、申诉。

2.审计工作：学习和贯彻执行党和国家的各项方针、政策和行政法规，积极落实各项规章制度，严格执行审计工作计划并负责组织实施审计工作；负责对行政部处、直属单位、教学和辅教部门负责人任职期间及离任的经济责任审计和专项审计调查；审核与以上业务范围有关的审计方案、审计报告、审计意见书、审计决定等；负责审计档案的归档工作，及时填报审计事项统计报表。

（五）教务部

负责统筹本科生和研究生教学组织、管理与服务：

1.本科生教务：负责组织制定、修订、审核与实施本科各专业培养方案、教学计划和课程大纲；负责本科生课程的教材建设，以及本科生通识教育的课程设计及开展；负责教师教学能力培训和教学质量评价体系完善；负责组织实施教学评估，实行教学督导并协调相关部门共同实施教学过程管理；负责组织申报各级各类教学研究和教改项目；负责本科生学籍管理、毕业生资格审核、证书管理、推荐免试攻读硕士学位研究生；各类学生的统计、上报及数据维护；负责全校本科生课程的排课和教室调配；负责本科生考试安排与考务管理；负责本科生国内外交流项目的服务与管理；负责本科生创新实践项目的服务与管理。

2. 研究生教务：负责组织研究生培养方案的制（修）订与完善，教学计划的制（修）订、审核与实施；负责组织研究生课程建设与教材建设，建立健全研究生培养质量评估保障体系，实施研究生培养全过程管理；负责组织开展研究生教育研究，探索培养模式创新；负责推进研究生校企联合培养；负责组织硕士研究生、博士研究生答辩及学位授予的服务与管理；负责研究生导师队伍建设与管理；负责研究生联合培养项目、公派留学与留学生管理；负责组织研究生课程的排课和教室调配；负责研究生学籍管理、考试管理、成绩管理、学历学位证书管理；负责非全日制研究生管理；负责研究生信息化推进与管理。

（六）科学技术处

含知识产权管理办公室，具体职能如下：

1. 科学技术研究工作和科技创新能力建设的主管部门，负责科研整体规划，负责各级各类重大重点项目的策划、协调与管理，以及各级各类科研项目的组织申报、实施及验收等管理工作；负责各级实验室、科技创新载体的建设与管理；协调科技人才和团队建设；负责国际国内学术交流、国际科技合作项目的策划、组织与协调；负责各级、各类科技奖励成果的申报和管理；负责科技论文管理；负责科研质量体系的建设管理；负责深圳校区与企业的科研合作，开展产学研活动；协同保密与信息化工作办公室做好军工项目的保密工作。

2. 知识产权管理办公室挂靠科技处，相对独立运行：负责科技成果汇集，负责组织开展科技成果及知识产权的鉴定、申请、登记、注册、评估和管理工作，审核有关知识产权的开发、使用和转让合同，规范、协调、促进和管理科技成果转化，协同处理解决校内外有关知识产权的争议和纠纷。

（七）学生工作部/学生工作处/团委

统筹学生工作、共青团工作，负责学生思想政治教育和网络思想政治教育工作,组织学生工作及共青团干部、辅导员队伍的招聘、考核、培养、管理工作,推动队伍专业化、职业化建设,促进队伍开展工作研究;指导院系开展基层团组织建设、团费收缴工作;组织开展国防教育、青年研究工作、志愿服务及社会实践工作,搭建学生课外学术科技赛事及在校学生创新创业项目孵化指导平台;负责新生入学组织协调工作及入学教育工作、学生宿舍分配、宿舍日常管理与文化建设;负责新生开学典礼、毕业典礼的组织实施工作;负责学生国家助学贷款、困难补助、奖助学金的评定及勤工助学等工作;负责深圳校区学生的心理健康教育、心理危机干预,开展学生心理健康测评和普查、心理辅导和心理咨询;配合党委宣传部、资产管理处,做好学生稳定和安全工作;负责学生的日常管理和奖惩工作;负责新生落户工作;负责学生医疗保险及新生体检工作;负责本科生军训工作;负责学生会和研究生会管理、学生社团管理,指导学生社团开展丰富多彩、健康文明的文体活动、权益服务、素质拓展、组织提升工作。

(八) 招生就业处

招生就业处是统筹全日制本科生、硕士生、博士生招生宣传组织、录取工作,以及就业指导与服务工作的职能部门。主要职责是:执行教育部有关招生工作的规定,以及主管部门和有关省级招委会的补充规定或实施细则;负责落实哈尔滨工业大学关于招生工作的文件精神;负责组织编制招生计划;负责对招生宣传人员进行培训,组织各招生组开展招生咨询和宣传工作;负责组织实施本科生招生录取和上报工作;负责组织硕士生、博士生的招生报名、入学考试、阅卷、复试、审核、录取、复查等工作;负责招生工作总结及各类招生数据的统计分析和上报工作。

(九) 发展规划处

负责深圳校区整体布局、重大发展战略研究工作,制订深圳校区中长期发展战略规划,配合职能部门制订相关的专项规划,组织和指导学院制订中长期发展规划;负责组织、指导各学科制订中长期发展规划,跟踪分析各学科建设进展;围绕深圳校区发展和改革中的全局性、综合性、战略性、长期性问题开展调查研究,为深圳校区领导提供政策建议和咨询意见;负责机构与编制设置及其变更工作;负责深圳校区重大和重点建设项目的调研、组织、协调与推进工作,组织编制重大项目规划、计划；负责年鉴、年报的编制工作，统筹组织信息统计和报送工作。

（十）人力资源处

负责人力资源开发与利用工作，为深圳校区各项工作的开展提供人才保障，具体包括：统筹教学科研、实验技术、行政管理、各支队伍建设，推进人事制度改革，负责高层次人才引进及服务工作，开展各类人员的招聘工作，负责教师资格证及专业技术职务资格申报工作，构建教职工薪酬福利体系，组织教职工聘任、考核、晋升、培训工作，负责聘用合同管理及落户工作，负责劳动纪律管理，非全职教师聘任与管理工作，负责离退休人员管理工作，开展博士后招收与管理工作，协调校区教授会日常工作，协调人事外包业务。

（十一）国际事务处 / 港澳台办公室

国际事务处是深圳校区执行涉外政策、协调对外交流与合作事务的职能部门，负责与国（境）外高校、机构和组织等建立合作，为学生提供国（境）外学习交流、科研实习机会，为各学院的教学、科研和对外学术交流提供信息和联系服务；负责各级各类学生海外交流项目的统筹规划和协调管理，包括协议的拟订、项目实施情况的跟踪管理和服务等；负责重大外事接待活动及校级出访活动的策划与实施；负责协调深圳校区与外国驻华使馆、领馆和相关外事部门的联系和往来；国际学生招生与管理；配合深圳校区其他部门的国际活动；教职工因公出国（境）手续办理；外籍来华人员手续和证件办理。

（十二）财务处

负责按照国家有关法律法规和财务制度赋予的职责，对深圳校区各项财会业务进行管理。主要职责包括：负责建立健全深圳校区财务规章制度，完善内部控制制度，对深圳校区经济活动进行财务控制和监督，有效防范财务风险；依法多渠道筹集办学资金，科学配置深圳校区资源，努力节约支出，提高经费使用效益；合理编制并执行综合财务预算，落实预算执行情况，做好财务绩效评价及财务分析工作；负责会计核算，按期编报有关财务报表和年度决算；负责深圳校区各类税收、收费和票据的管理工作，规范深圳校区收费行为；负责深圳校区各项经费的使用管理工作，负责专项资金的使用管理工作，负责国有资产财务管理工作。

（十三）资产管理处

含招标采购办公室、安全办公室，具体职能如下：

1. 负责深圳校区基础设施建设、校园建设工作，组织、协调有关基建项目规划、项目建议书、可行性研究报告的编制工作，与政府有关主管部门协调、对接项目的招标、设计、施工管理、投资控制、竣工验收等工作，参与监督工程质量和进度；负责教学（教室）、科研、行政和生活服务等公用房的管理、调配、日常维修与维护等工作；负责教师公寓、周转房的调配工作；负责深圳校区固定资产（建筑物、仪器设备、家具等）的管理，包括资产清查、评估、处置和数据统计、分析、上报等工作，以及资产报损、报废的报批报备手续；配合深圳大学城管理办公室，协调开展后勤和物业管理工作。

2. 招标采购办公室挂靠资产管理处，负责深圳校区内集中采购项目的招投标工作，负责政府集中采购项目的申报和组织评标工作，负责采购合同备案工作，负责进口设备的申请及非公开采购、变更采购方式的申请等工作。

3. 安全办公室挂靠资产管理处，负责组织开展深圳校区安全防范工作，配合深圳大学城警务室，及时调解处理深圳校区内部治安纠纷，维护深圳校区及周边治安秩序，确保深圳校区治安稳定，保障学校教学、科研、生产、生活顺利进行；检查落实安全保卫责任制和安全技术防范措施，做好防火、防盗、防破坏和防治安灾害事故发生工作；开展师生员工安全保卫工作宣传教育，增强师生员工安全防范意识。

（十四）实验与创新实践教育中心

负责深圳校区实验教学平台的集中建设、统一管理。规划建设通识与基础教育、技术基础教育、专业教育三个系列的实验室，规划建筑面积4万平方米。将于2022年完成建设任务，建成布局合理、设备先进、开放创新的校级实验教学平台，构建本研贯通多层次的实践教学体系，为创新人才培养提供有力支撑。

（十五）网络与计算中心

负责基础网络建设与管理、智慧校园系统构建、高等教育信息化技术研究与应用、云计算服务等四个业务范畴，具体职能包括：下一代互联网技术研究与应用，校园网络建设与管理，网络及信息安全管理，学院公用机房建设管理；智慧校园公共平台研发、建设、推广，包括数据中心、服务门户、网站系统、邮件系统等；教育技术研究与应用，建设、维护教学、会议室多媒体环境；建设学院公共计算机房，研究云计算技术，构建云计算平台为师生提供服务。

（十六）档案与校史馆

贯彻执行国家和地方有关档案工作的法律法规和方针政策，综合规划深圳校区档案工作；拟定深圳校区档案工作规章制度，并负责贯彻落实；负责接收（征集）、整理、鉴定、统计、保管深圳校区的各类档案及有关资料；编制检索工具，编研、出版档案史料，开发档案信息资源；组织实施档案信息化建设和电子文档归档工作；开展档案的开放和利用工作；开展深圳校区专兼职档案工作人员的业务培训；利用档案开展多种形式的宣传教育活动，充分发挥档案的文化教育功能；开展国内外档案学术研究和交流活动。

（十七）继续教育学院

以哈工大"一校三区"为资源平台，积极承担面向社会的非学历学位教育项目和短期培训项目工作。面向政府、事业单位、企业以及个人开展领导干部培训、企业管理与专业技术培训、职业教育培训以及国际教育培训等，致力于打造具有深圳校区特色的干部培训基地。

（十八）教育发展基金会与校友工作办公室

服务校友，组织、协调校内有关部门为校友提供服务，支持校友的继续学习与事业发展；服务深圳校区，发挥校友资源优势，寻求校友与深圳校区的合作及对深圳校区办学（如教学、科研、管理、育人、科技成果转化、吸引人才、招生与就业等方面）的支持；充分依靠各地校友会与师生员工，在广大校友与海内外各界人士中以多种渠道、多种形式募集资金和接受社会捐赠，募集深圳校区发展基金，并根据深圳校区授权做好基金管理工作，支持深圳校区发展；奖励和资助深圳校区教师和学生；奖励为深圳校区建设与发展做出突出贡献的单位或个人；资助深圳校区的建设与发展项目；服务社会，按照捐赠者意愿设立其他社会公益事业项目。

四、教学科研机构：做好教书育人工作　开展科研创新

深圳校区建成了计算机科学与技术学院、电子与信息工程学院、机电工程与自动化学院、土木与环境工程学院、材料科学与工程学院、建筑与规划学院、经济管理学院、理学院、人文与社会科学学院、马克思主义学院等10个学院，以及空间科学与应用技术研究院、特殊环境物质科学研究院、绿色制药工程研究院、智能海洋工程研究院3个研究机构。

（一）计算机科学与技术学院

涵盖计算机科学与技术国家重点一级学科，具有硕士、博士学位授予权；设有8个研究中心，研究领域包括网络空间安全、人工智能、自然信息处理、大数据与数据挖掘、计算机视觉与模式识别、计算机网络、计算机体系结构、物联网、生物信息学等；承担了国家重点科技攻关项目、国家自然科学（重点）基金项目、国家863项目、总装备部项目、国家安全部项目等纵向课题及来自企业的横向课题300余项，拥有国家发明专利、软件著作权等100余项，研究成果先后获得省部级一等奖、二等奖多项。

（二）电子与信息工程学院

涵盖信息与通信工程和电子科学与技术2个一级学科，主要研究领域包括无线通信、空间通信、微纳光子学及技术、光学检测与测量技术、智能信号与信息处理、芯片设计与安全等；承担国家"973"课题、"863"课题、国家科技重大专项、国家重点研发计划、国家杰出青年科学基金、国家自然科学基金重点项目、中国工程院重大咨询项目、总装备部重点基金项目、广东省科技计划项目等纵向课题及来自企业的横向课题百余项，在《自然·通讯》等国际权威期刊上发表学术论文、授权国家发明专利、软件著作权等自主知识产权200余件，完成了广东省重点实验室、深圳市重点实验室、深圳市工程实验室等科研创新载体的建设，研究成果先后获得省部级一等奖、二等奖等，并在国家的重大工程中得到应用。

（三）机电工程与自动化学院

涵盖机械工程、控制科学与工程、电气工程、动力工程及工程热物理4个一级学科及力学学科的流体力学方向，均为国家"双一流"建设学科，设有硕士、

博士学位授权点和博士后流动站;已建成 7 个市级重点实验室、4 个市级工程实验室,正在筹建"机器人技术与系统国家重点实验室(深圳)"。近 5 年,累计获得国家自然科学奖二等奖 1 项,国家技术发明奖二等奖 2 项,省、市级科技奖 6 项,军队科技进步奖一等奖 2 项,取得国家发明专利 102 项,发表 SCI 索引论文 340 余篇,年均科研经费超过 8 000 万元。

(四)土木与环境工程学院

涵盖土木工程、环境科学与工程 2 个一级学科,设有博士、硕士学位授权点和博士后流动站;现有 8 个深圳市重点实验室,正在筹建"城市水资源与水环境国家重点实验室(深圳)"和"城市工程安全重点实验室"两个国家级重点实验室;研究领域包括结构振动控制与智能监测、土木工程新型结构体系与抗灾性能设计、城市风灾与综合防灾减灾、土木工程新材料与智能材料、城市地质灾害的防治、城市水资源与水环境、空气污染控制、环境生态修复、城市废弃物资源化等;近 5 年来承担国家科技重大专项课题、国家自然科学基金重点项目、国家科技支撑计划课题、国家"863"计划子课题、国家自然科学基金重点及面上项目、广东省自然科学基金项目等 200 余项,承担深圳市交通局、水务局和住建局等地方政府机构服务项目和重要横向课题 100 余项,累计科研经费 16 000 余万元。

(五)材料科学与工程学院

涵盖材料科学与工程一级学科,以培养全日制本科生、硕士研究生和博士研究生为主,建有博士后流动站;研究领域包括电子封装材料及器件加工、量子材料与量子器件、生物智能材料、特种材料及增材制造、材料基因工程及其应用、微纳光电器件、新能源材料与器件等;获得机械工业科学技术奖一等奖 1 项、机械工业科学技术奖二等奖 1 项、黑龙江省科技进步奖三等奖 1 项;组建了深圳市柔性透明导电膜材料工程实验室、深圳市超级电容器材料工程实验室、深圳市钙钛矿微型光学器件工程实验室、先进结构功能一体化材料与绿色制造技术工信部重点实验室。

(六)建筑与规划学院

涵盖城乡规划学、建筑学、交通运输工程 3 个一级学科,下设深圳市城市规划与决策仿真重点实验室，形成了本硕博完整的培养体系；研究领域包括当代城市设计理论与方法、健康城市与可持续发展、智慧城市与建筑、城市应急安全管理等；立足粤港澳大湾区、面向国家需求，承担纵向、横向课题百余项，其中承担多项国家科技支撑项目、国家自然科学基金等国家级科研项目，同时承揽多项重大横向课题，研究成果获得诸多国家及省市级奖项，并在城市规划国际咨询项目中多次获得头奖。

（七）经济管理学院

涵盖应用经济、管理科学与工程、工商管理、公共管理4个一级学科，设有本硕博学位授权点，研究方向包括创新经济学、能源与环境经济学、健康经济学、大数据会计、区块链金融等面向未来的前沿方向；现有深圳市低碳城市大数据工程实验室、深圳市创新经济数据公共服务平台、区块链研究院、大数据会计与决策研究中心等科研平台，近3年来承担国家自然科学基金重点及面上项目、广东省哲学社会科学项目、深圳市哲学社会科学"十二五"规划课题等多项课题。

（八）理学院

涵盖力学、数学、物理、化学、生物5个一级学科，多个硕士、博士学位授权点以及博士后流动站，设有工程力学、应用数学两个研究中心，微纳光电技术与系统工信部重点实验室和氢能与燃料电池研究院等科研平台，形成了工程力学、固体力学、生物力学、光学、凝聚态物理、空间物理、基础数学、应用数学、生物化学等多个研究领域；共主持包括国家自然科学基金重点项目、国家重点研发计划课题、"973"子项目、国家自然科学基金项目、广东省自然科学基金项目等40余项。

（九）人文与社会科学学院

涵盖外国语言文学和设计学2个一级学科，设立了汉语、英语、通识、设计学、体育和美育6个教研组，承担本硕博英语、语文、体育公共基础课和大部分文理通识课教学任务；历年获国家级课题7项、省部级课题9项，近4年累计发表各类论文300余篇，出版专著、译著22部，获得科研成果奖和设计类奖项10项。

（十）马克思主义学院

组建于 2018 年，负责组织实施深圳校区思想政治理论课的教学和科研工作；汇聚了一支由中央马克思主义理论研究和建设工程首席专家、中国《资本论》研究会常务理事、国家级教学名师、教学能手在内的优秀科研和教学团队，设有马克思主义原理教研室、马克思主义中国化教研室、思想道德修养与法律基础教研室、中国近现代史纲要教研室等 4 个教研室，21 世纪中国研究中心和马克思主义大讲堂，通过传播、解读当今世界经济、政治、文化、社会发展等马克思主义中国化最新理论成果，筑牢新时代青年使命担当的马克思主义信仰之基。

（十一）空间科学与应用技术研究院

以开放办院、创新为本、自强不息的理念为指导，吸引了近 70 家单位参与合作共建，特聘了一大批顶尖人才；以建设具有国际先进研究水平、能承担国家重大空间科技任务、能做出重要创新成果、能助力深圳成为南方空间科技新中心的研究院为目标，设立空间天气风暴、行星科学、空间等离子体物理、低纬空间环境监测与应用、临近空间探测与应用、空间大数据建模、数字空间卫星、导航遥感、数字空天环境军民融合、以及空间材料等 10 个实验室。20 余位中国科学院、中国工程院院士受聘为特聘教授，近 20 位院士、20 余位国家自然科学基金"杰出青年基金"获得者受聘为科技委员会成员。目前，正聚力于推进中国科学院学部设立的"数字空间战略研究"落地，率先在世界上举起"数字空间"旗帜，为开拓空间科技战略新高地而奋进。

五、学科体系建设：面向国家战略　打造一流学科

深圳校区依托哈工大"双一流"建设基础，从建立之初就坚持传承与创新相结合、坚持办学优势与区域优势相结合，充分继承哈工大的办学传统、经验，借鉴世界一流大学的理念和经验，把哈工大近百年形成的办学优势和深圳的区域经济优势有机结合，推进高水平学科建设。

深圳校区以"聚焦一流，优化布局；南北协同，优势互补；需求牵引，方向交叉；加强绩效、动态调整"为建设思路，着力构建理工为主、多门类学科专业协调发展、特色鲜明的学科布局。围绕生物、新能源、互联网、新材料、

新一代信息技术、节能环保、生命健康、海洋、机器人、可穿戴设备和智能装备、航空航天、先进制造等产业领域，大力发展工学学科，以优势工科打造学科高峰，加快科研成果转化。瞄准深圳在基础性和战略性科技领域布局建设具有国际先进水平科技基础设施的重要契机，加强数学、生物学、物理学、化学、海洋科学等理学学科建设。围绕深圳建设金融中心、设计之都、低碳城市的需要和学术前沿方向，快速发展应用经济学、管理科学与工程、设计学等学科，促进经管和人文艺术学科与优势理工学科协同发展。

深圳校区以现有优势学科为基础，结合各学科特色与优势方向，强化需求牵引、问题导向，凸显学科集成和交叉融合，规划了新材料与力学、网络空间科学与技术、生态环境与可持续发展、智能装备制造、人工智能与大数据、经济管理、空间科学与航天技术、设计学、生命与健康、海洋工程、清洁能源科学与技术、物理与化学等12个面向国际前沿及国家和区域重大需求的学科群，力图走出兼具哈工大特色和深圳气质的一流学科建设之路。

2019年11月13日，广东省教育厅、广东省发展和改革委员会、广东省科学技术厅联合公布广东省高等教育"冲一流、补短板、强特色"提升计划建设高校名单。深圳校区入选"高水平大学重点学科建设高校"，材料科学与工程、计算机科学与技术、机械工程、环境科学与工程等4个学科被列入重点建设学科。根据计划要求，深圳校区将持续建设原始创新能力强的高峰学科；创新本科人才培养机制，深化研究生教育改革，提高拔尖创新人才供给能力；汇聚世界一流学者，吸引和培育优秀学科、专业带头人和创新团队；加强基础研究和应用基础研究，扎实推进重大科技专项和工程建设；打通基础研究、应用开发、成果转移与产业化链条，促进学科、人才、科研与产业互动等具体任务。

若使琢磨徽白玉，便来风律轸青瑶。以重点学科建设带动高水平大学建设的任务艰巨而充满挑战性，深圳校区17年来的建设成就得到了来自广东省各级政府的充分肯定，也代表着社会各界对哈工大（深圳）未来发展的殷切希望。深圳校区必将砥砺奋进，拼搏再出发，力争人均可比性学术指标进入国内高校前列，科技创新能力和服务经济社会发展的能力跃居省内高校前列，在粤港澳大湾区科技创新中心和深圳中国特色社会主义先行示范区建设中发挥重要作用。

第二节　以党建为龙头带动各项工作发展

2018年12月24日，哈工大党委书记王树权来深圳校区指导工作，并与深圳校区领导班子座谈，通过实地考察、听取汇报等形式了解深圳校区发展现状。

在听取了汇报后，王树权对深圳校区一年来所取得的成绩表示肯定。他表示，这次来到校区，感受到了校区的崭新面貌与勃勃生机，校区在党的建设、人才引进、本科招生、教学科研、基础设施建设等方面做了大量工作，成效显著，令人振奋。校区应增强紧迫感和责任感，进一步明确定位、梳理思路，为哈工大建设世界一流的百年强校做出引领示范。

王树权结合深圳校区下一步的发展提出了五点要求：一要坚持党对教育事业的全面领导，进一步增强"四个意识"，坚定"四个自信"，做到"两个维护"，将党的领导贯穿教书育人全过程，不折不扣地落实党的各项方针政策。校区立足改革开放前沿城市深圳，既要汲取改革开放所带来的创新与活力，也要牢牢掌握意识形态工作的领导权和话语权，扎实做好新形势下校区师生的意识形态工作。二要将立德树人作为校区一切工作的出发点。我们的教育必须把培养社会主义建设者和接班人作为根本任务，校区工作要突出学生这一主体，关照学生、服务学生，不断提高教学质量，提高学生政治觉悟、道德品质、文化素养，让学生成为德才兼备、全面发展的人才。三要加强内涵建设，提高办学质量。校区要着力整合各类资源，将人才优势充分发挥到校区发展中去，进一步提升校区的师资力量与科研水平。校区要提高站位，放大格局，加强一校三区信息联动和资源共享，努力培育一批有影响力的国家级重大科研项目，以打造国家级重大科研项目为抓手，

哈工大党委书记王树权来深圳校区指导工作

不断深化办学内涵、提高办学实力。四要积极探索推动地方社会经济发展的新模式。校区作为哈工大与深圳市合作共建高校，要努力把哈工大的教育优势和科技优势转化为地方的人才优势和经济优势，主动作为，勇于担当，积极投身粤港澳大湾区建设，更好地服务区域社会经济发展。五要做好哈工大文化的传承工作。校区要坚持与哈工大校本部"统一规格、统一标准、统一要求"，传承"规格严格，功夫到家"的校训精神，从师生培训和干部培训等方面，加强与校本部的联动，值哈工大百年校庆之际，进一步弘扬哈工大传统文化，彰显哈工大人的文化自信。

一、固本强基抓服务　党建引领育英才

在广东省委、深圳市委和哈工大党委的坚强领导下，深圳校区党委坚持以习近平新时代中国特色社会主义思想和党的十九大精神为指导，切实履行基层党建工作主体责任，扎实落实党建工作重点任务，严肃认真做好深化巡视整改

工作，筑牢思想政治和意识形态工作主阵地，逐一落实"三清单一承诺"各项任务，以党建为龙头，带动各项工作迅速发展。深圳市委书记王伟中同志批复深圳校区党建工作，指出："哈工大（深圳）重视党的领导和党建工作，引领'双一流'建设、改进行政服务。工作中有许多亮点。希望你们深入学习习近平总书记视察广东省、深圳市的重要讲话精神，高举新时代改革开放旗帜，在新时代有新作为，把高校办得更好、办出水平。"

（一）思想引领，铸魂聚力

一是夯实学习内容。将深入学习贯彻习近平新时代中国特色社会主义思想和党的十九大精神作为首要政治任务，每次党委会议"第一议题"都围绕习近平新时代中国特色社会主义思想专题学习，努力做到融会贯通、知行合一。

二是丰富学习形式。党委会集中学，党校辅导学，马院课堂系统学，任南琪副校长带领机关支部观看"大潮起珠江——广东改革开放40周年展览"参观学，邀请深圳市原市长李子彬开讲座专题学，结合"大学习、大练兵、大比武""弘扬爱国奋斗精神、建功立业新时代"等活动拓展学。

三是拓展学习对象。结合深圳校区海归教师比例高、青年团员思想活跃的特点，将学习对象拓展到党外人士、青年教师和广大团员青年，通过宣讲、座谈、报告等形式，凸显党外人士与我党的肝胆相照、荣辱与共，坚定团员青年的政治信念和理想。

四是针对"不忘初心、牢记使命"主题教育，开展多种形式的学习教育。抓好领导干部集中学。深圳校区共组织16次专题学习和集中交流研讨会。列出必读书目主动学。向各级党组织和党员干部列出包括12项学习内容的必读书目，向处级以上党员领导干部发放学习书籍共14类676本。组织支部党员每周学。以党支部为单位，每周安排半天集中读书学习。善用媒体平台广泛学。深圳校区网站开设"'不忘初心、牢记使命'主题教育"专栏，依托"HITsz指尖党建"微信公众号等新媒体平台，发布新闻78篇，累计收获10万余次点击量。宣传主题教育的重大意义和实际成效，为主题教育营造良好氛围。

（二）多维培训，时学时新

一是理论学习。举办改革创新与内涵发展高级研修班（中层及以上领导），提升领导干部理论素养、丰富知识、开阔眼界,为创新工作方式和教育教学方法提供思路。

二是党性锻炼。举办"不忘初心 牢记使命"红色教育实践研修班(学院和党政机构正副职领导人员),他山之石,可以攻玉,学院把培训中的所学所悟融入工作实践中,为深圳校区党建工作整体水平的提升做出新的贡献。

三是能力提升。党委书记吴德林以"如何做好行政工作"为题讲授第一课。哈工大校长助理、校区常务副校长甄良讲授行政能力培训班总第三讲"明责任 勇担当 知荣辱"。副校长姚英学讲授行政能力培训班总第四讲"提高领导力和行政力的思考"。深圳校区工会工作负责人张敏为行政管理人员讲授管理与服务之道。

党委书记吴德林以"如何做好行政工作"为题讲授第一课

四是党员教育。每学期定期举办入党积极分子培训班、发展对象培训班、预备党员培训班。党校丰富教学方法,创新学习形式,通过开展小组讨论,使广大学员深入领会马克思主义中国化最新成果。

（三）健全组织，提升水平

2018年以"规范化建设"为主题，重点加强基层党组织规范化制度建设，优化党组织设置。2019年以"组织力提升"为主题，开展"党建质量提升年"，重点构建对各类基层党组织全面领导的体制机制，健全抓基层党建工作机制，着力解决基层党组织领导体制不健全、党组织带头人队伍建设滞后、党建工作和教学科研人才培养工作两张皮、党组织一定程度上存在虚化弱化边缘化等突出问题。

一是压实全面从严治党主体责任，党组织书记是全面从严治党的第一责任人，既要"挺直腰杆担负责任，又要放下身段接受监督"。

二是进行校内全面从严治党的自查和督查，深圳校区党委到各学院听取汇报、检查材料，逐一对各项工作进行点评。

三是根据广东省《加强党的基层组织建设三年行动计划》要求，签订全面从严治党责任书，按照"三清单、一承诺"扎实推进基层党委（党总支）书记述职考核和党支部书记述职考核工作，严肃开展民主评议党员工作。

四是建立和健全基层党组织。将原来的组织、宣传、纪检合署办公的党群工作部分设为组织部、宣传部和纪检办，人员也由原来的7人增加到16人。在深圳校区党委下成立6个党委（1个机关党委、5个学院党委）、3个学院党总支。严格落实"双带头人"要求，完成党委（总支）书记、副书记、组织员的选任、选聘工作。

五是加强制度建设。出台文件63份，迅速补齐从筹建办向校区过渡中的制度建设短板，主要有学校党委（扩大）会、校长办公会议事规则，学院党委会、党政联席会议事规则，《学院党委（总支）书记、副书记选任和监督、管理工作方案》等。

六是扎实推进党支部标准化建设。制订《党建工作规范化、标准化、信息化和品牌化建设方案》，着力解决党组织设置、党员教育管理和党建标准等不规范问题。41个建设标准使基层党建工作有章可循、有标可对、有量可考。每季度党委组织部发布"三会一课"主题内容指引，内容包括组织生活会主题、党支部会议"第一议题"、推进"两学一做"常态化制度化等，以党支部为单位组织党员学习。党的组织生活中各支部均能够做到规范悬挂党旗、党员佩戴党徽，党员因病、因事不能参加组织生活严格履行请假制度。

七是创新党建工作模式。推进"创新工程+支部"(在研究生党支部)、"扶贫+支部"(在教工党支部)、"年级+支部"、"班级+支部"、"榜样+支部"等活动,筹建党群服务中心。推进党支部创新立项工程,开展党团组织对河源精准扶贫支教团、青年创客暑期游学夏令营等学生支教、创新创业等活动;创新"年级+支部""班级+支部"等党支部活动方式,鼓励各类理论学习、科技学术、文化体育、志愿公益等"班级、党支部创新立项""两学一做"主题教育活动;推广"榜样+支部"模式,围绕学生先进典型设立党支部,对各类优秀班级、党团支部立项项目进行公开表彰奖励,系统加强党支部的战斗堡垒作用和服务功能。

八是开展党员领导领学、带学、督学。每名党员领导人员每年直接联系1个学生党支部、1个教师党支部,要主动开展联系工作,在所联系党支部至少讲1次党课,参加1次主题党日。

(四)深度融合,力促工作

坚持党对基层工作的全面领导,扎实推动党建带工作,促进二者深度融合,推动资源、服务、管理下基层,更好精准有效服务。

一是实施党支部"头雁"工程。优选配强基层党支部书记,教师党支部书记"双带头人"覆盖率达到100%。发挥党支部书记在推进学校"双一流"建设、高水平科研平台建设、人才引进培养、维护校园安全稳定等各方面的领头作用。

二是党员亮身份、做表率。全面推行党员在岗佩徽挂牌,设党员先锋岗20个、党员服务岗240个。开展"戴党徽、树形象、做表率"等活动,每年"七一"举办表彰大会,发挥党员模范带头作用。

三是切实关心关怀青年教师成长。建立《各级领导班子成员联系海外归国教师工作制度》。实现联系校区220名具有海外求学工作经历教师全覆盖。大力在青年教师中发展党员(2018年发展3人,2019年推荐成为重点发展对象1人)。

四是与粤港澳大湾区共成长。分别邀请省、市、区的校外专家对《粤港澳大湾区发展规划纲要》做深入解读,要求学校各级党组织学深悟透《规划纲要》并积极做好落实。开展大湾区企事业单位走访调研,组织预备党员赴深圳高校、企业与智库等地进行实地调研。充分发挥校企双方党组织优势,6个基层党组织与粤港澳大湾区企业签署党建共建协议,共同探索校企党建共建新模式,打通党建促中心工作的"最后一公里"。

（五）创新突破，增强活力

一是创新立项品牌化。深入挖掘基层党组织开展组织生活的创新方法和成功经验，组织培育若干个党建工作品牌，实现"一学院一品牌，一支部一特色"；连续三年举办"微党课"大赛，推进基层党建工作创新发展，推进组织生活创新，提高组织生活质量。

二是活动阵地品牌化。加强党员阵地建设，通过阵地建设加强组织建设，以党员活动室为载体，为党员的教育、管理、活动提供条件，促进党员"两学一做"学习教育的开展，有效增强党组织的凝聚力和战斗力。建设了"土木与环境工程学院党群活动室""材料科学与工程学院党员活动室""机电工程与自动化学院党员之家""青马书屋""立德树人堂""湾区时代馆""初心讲习所""文化浸润廊""党群活动中心""青年马克思培训教育基地"，擦亮深圳校区党建工作的"名片"。

二、凝聚思想共识　树立形象品牌

深圳校区党委以全国高校思想政治工作会议精神为指导，围绕学校中心工作，加强师德师风建设，着力提升宣传能力和宣传水平，推动全校宣传思想工作守正创新。

（一）统筹全校思政工作，构建"大思政"格局

一是利用"三大抓手"全面提升思政工作水平。哈工大（深圳）以全国高校思想政治工作会议精神为指引，以党委理论学习中心组学习、党委（扩大）会议题学习（第一议题、常设学习议题）、"学习强国"学习为"三大抓手"，不断探索思政工作新路径，努力完善学习制度，确保将思政工作做细做实。

二是加强顶层设计。成立思想政治工作领导小组和维护政治安全意识形态安全工作领导小组，统筹推进全校思政工作和意识形态工作。建立起党委统一领导、党政齐抓共管、宣传部门组织协调、有关部门分工负责、全校各单位积极参与的工作格局。在关键性意识形态领域，明确"党政一把手第一责任，分管领导牵头抓总责任，各基层党组织、各职能部门主管责任"的责任体系。

三是完善制度建设。在理论学习方面，制定哈尔滨工业大学（深圳）党委理论中心组学习制度,从制度层面保障理论学习有效落实。还完成了院级党委理论学习中心组组织构建工作,建立健全全校各级理论学习中心组建设。在师德师风方面,制定《哈尔滨工业大学(深圳)教职工师德"一票否决制"实施办法(试行)》,高度重视师德师风建设,用铁的纪律规范师德建设,把师德建设作为教师队伍建设的一项重要工作抓紧抓实。

四是丰富学习形式。在党委理论中心组学习和党委会"第一议题"学习中,引入专家辅导创新举措,外请专家、学者做专题辅导报告,围绕习近平新思想开展学习;建设"学习强国"学习平台,指导建立基层党委学习组织,并结合校院两级党委理论学习中心组学习参考,在全校范围内营造多角度、多层次的学习氛围。

(二)筑牢防线,坚守意识形态主阵地

深圳校区始终不断提高政治站位,严防死守,坚决维护学校政治安全意识形态安全。

一是以全校意识形态工作统筹性文件《哈工大(深圳)落实意识形态工作责任制实施细则》为纲,在维护政治安全意识形态安全工作领导小组的领导下,制订一系列意识形态安全工作文件及方案,确保校园风清气正。

二是做好校园文化与氛围营造,通过线上线下多种途径做好"五四表彰"、"八百壮士"、刘永坦院士先进事迹等主题展览宣传,着力做好重要节点校园氛围营造,在全校范围内加强意识形态引领工作。

(三)品牌宣传推广成绩突出

一是加强媒体联络,提升对外宣传力度,做好深圳校区重要事件和节点媒体报道工作,邀请中央、省级、市级媒体来校报道,多次邀请媒体走进校园,开学迎新、招生、就业、教师节、国庆等重要事件节点及各类高端学术论坛等主题宣传稿件多次登上央媒、省媒、市媒等主流媒体版面,另有多篇稿件登上"学习强国"平台,获得了较大关注。

二是与媒体建立有效互动,与《光明日报》、《科技日报》、《中国青年报》、《中国教育报》、《南方日报》、深圳报业集团、深圳广电集团等中央、省、市媒体进行良好互动,借助专业媒体力量,多渠道、多方式提高深圳校区品牌曝光度,宣传深圳校区各项办学成果,进一步扩大知名度。

三是完善深圳校区全媒体平台建设，出台《哈尔滨工业大学（深圳）全媒体管理办法》，做好校内全媒体平台监督管理，加强校级媒体平台运营维护。

四是探索形成重要活动"文字＋图片＋视频"传播模式，制作多类短视频，涵盖新闻传播、校园文化、形象宣传等多方面，做好视觉作品传播，利用好视频这一短平快的传播方式，加大哈工大（深圳）形象宣传的传播力度。

五是定期与深圳市相关部门做好沟通联系，配合市文明办和市教育工委等做好相关工作，定期向市信息办报送深圳校区信息。

三、聚焦监督主责　厚植廉洁文化

深圳校区党委坚持"以制度建设为根本，以专项工作为抓手，以廉政文化宣传为特色"的工作思路，主要通过"六个抓"持续发力，聚焦监督主责，厚植廉洁文化，逐步构建压紧压实的党风廉政建设责任体系、务实高效的廉政风险防控体系、层层设防的监督执纪问责体系、分级分类的反腐倡廉宣教体系，将"严"字长期坚持下去，推动纪检监察工作实现高质量发展。

（一）抓制度建设，逐步完善制度体系

一是制定了《哈尔滨工业大学（深圳）纪检监察审计制度汇编》，内容涵盖纪检、监察、审计各领域的法律法规，以及我校涉及人财物、招生、纪检监察、信访举报等工作的相关规章制度，印发了《哈尔滨工业大学（深圳）纪检监察信访举报工作管理办法（试行）》《哈尔滨工业大学（深圳）机关作风建设明察暗访工作方案》，在重要节假日后针对行政人员、实验员，以及教师上课情况分别开展暗访工作，将发现的问题在深圳校区党委（扩大）会上做汇报，并要求相关单位进行整改，着力提升机关作风建设。二是建立领导干部廉政档案。实行动态管理和实时更新，为综合分析领导干部党风廉政建设方面的问题提供参考。

（二）抓基层减负，持之以恒纠正"四风"

一是开展集中整治形式主义、官僚主义，推进作风建设再深化行动。从集中组织学习宣传、召开动员部署会议、制订专项工作方案这三项工作入手，通过起底查、互相查、开门查、暗访查这四种方式，召开作风建设专题民主生活会17场，公开征集意见建议近100条，形成整改清单，针对五项整治重点12项具体内容，

将整改落实工作做好、做实、做到位。二是开展整治违反中央八项规定精神突出问题的专项工作。组织各单位全面自查，完善并严格执行公务出差、公务接待、领导人员外出请假报备、出国境管理、公务用车、办公用房等相关规章制度。

（三）抓深化"三转"，履行监督第一职责

一是对巡视整改落实情况进行监督检查。二是对深圳校区党委（扩大）会、校长办公会的议定事项，办学发展重大事项的进展情况开展监督检查。三是以审计为契机，对学校招投标管理、公租房管理、实验室大型修缮工程、科研经费管理、制度建设、继续教育管理等人财物重点领域的整改情况进行监督，并要求相关单位逐步建立长效工作机制。四是年底对基层党组织落实党建工作责任制、党风廉政建设责任制、意识形态工作责任制等情况进行监督检查。

（四）抓以案促改，处理线索消除漏洞

坚持"一案一总结"，通过处理问题线索，消除制度漏洞，制定学校教学事故惩处相关规定、境外原版教材选用管理办法等。

（五）抓风险防控，梳理职权运行流程

印发《中共哈尔滨工业大学（深圳）委员会关于深入开展廉政风险防控工作的通知》，召开专项工作会议，分四个阶段开展该项工作，要求各单位切实提高对深入开展廉政风险防控工作重要性的认识，填写"职权清单""职权运行流程表""主要廉政风险点及防控措施一览表"，经党委（扩大）会讨论通过后于深圳校区官网"政务公开"栏目予以公布，切实把深入开展廉政风险防控工作作为全面从严治党的重要抓手抓紧抓好，同时要求各学院、研究院建立相关制度体系。

（六）抓廉教宣传，建设风清气正校园

一是开展"每周一案""以案说纪""反腐倡廉每季一课""专题警示教育"等宣教工作，将2019年的"纪律教育学习月"融入"不忘初心，牢记使命"主题教育一并开展。二是紧盯"节日腐败"和"四风问题"，印发了《中共哈尔滨工业大学（深圳）委员会关于转发〈关于强化重要节点持续深入贯彻落实中央八项规定精神有关工作的通知〉的通知》，重要节日做警示提醒，并要求各单位自查，确保师生廉洁过节。三是选拔和培养"廉洁使者"，开展"青年与廉洁"思辨赛，面向学生开展廉洁文化宣传活动。四是建设学校清风网，打造网络宣传阵地。

第三节　培育具有哈工大规格的拔尖创新人才

深圳校区的人才培养工作始终与社会经济发展的需求紧密结合，学科专业设置以理工科为主，与珠三角地区的经济发展结构十分契合，能够满足深圳市乃至广东省对高素质理工类人才的培养需求；坚持教学与课程体系的国际化，目前全校课程中本科课程英文授课比例为 8.4%，研究生课程英文授课比例为 33%；与高新科技企业开展产学研合作，率先实践校企联合培养研究生，形成了与社会需求高度契合的人才培养体系。

一、持续扩大办学规模　生源质量不断提升

深圳校区办学成果的社会认同度不断提高，本硕博完整的人才培养体系基本形成。人才培养工作始终与社会经济发展的需求紧密结合，学科专业设置以理工科为主，与珠三角地区的经济发展结构十分契合，能够满足深圳市乃至广东省对高素质理工类人才的培养需求。深圳校区稳步推进本科大类招生、大类培养，所有专业都是校本部优势学科和特色专业。

深圳校区从 2016 年开始招收本科生。2016 年，深圳校区依托哈工大校本部在 12 个省（自治区、直辖市）招收首届本科生，共录取 376 人，其中 8 个省份的录取最低分超过重点线 100 分。

2017 年，深圳校区在 16 个省（自治区、直辖市）录取本科生 564 人，其中 13 个省份录取最低分超重点线 100 分，在粤理科投档线为 581 分，超过高分优先投档线 96 分，与中山大学并列广东省高校之首。

2018年，深圳校区首次以单独代码18213在18个省（自治区、直辖市）录取了10个专业（类）的本科生760人，16个省的录取最低分超重点线100分，其中5个省份超重点线150分。在广东省超过高分优先投档线114分，最低排名5 559名，在高考提档第一批次（理科）高校中居广东之首。

2019年，深圳校区在20个省（自治区、直辖市）录取了12个专业（类）的本科生1 000人，18个省份超过重点线100分以上，6个省份超过重点线150分以上。深圳校区在全国"双一流"高校中平均位列第11名，本科生高端生源数同比增长140.2%。

2016至2019年，深圳校区硕士、博士研究生招生规模持续增长，报名热度显著提升。2020年硕士研究生统考报名人数达3 744人，同比2016年增幅达135%。博士研究生招生规模大幅增加，2019年招收博士研究生255人，同比增长113%。2016年以来，深圳校区对重点高校生源的吸引力显著增强，硕士研究生推免比显著提升，录取结构趋于优化，生源质量稳步提高。2019年录取"双一流"高校生源423人，与2016年相比增长了63%；招收推免生371人，与2016年相比增长43%。在已完成的2020年推免生接收工作中，拟录取推免硕士研究生446人，其中"双一流"高校生源275人，同比增长52%，开创优质生源选拔新局面。

二、开展教育思想大讨论 创新人才培养机制

2018年6月21日，教育部在四川大学召开了新时代全国高等学校本科教育工作会议，教育部党组书记、部长陈宝生出席会议并讲话。2018年9月10日中共中央总书记、国家主席、中央军委主席习近平在全国教育大会上发表重要讲话。

在此背景下，为深入学习贯彻习近平总书记关于人才培养工作系列重要论述，深圳校区在2019年3月到4月组织开展教育思想大讨论，并在6月3日召开第一次教育工作会议。在这次教育思想大讨论活动中，各学院及相关单位针对"习近平总书记在全国教育大会上的重要讲话精神"等八项内容开展学习,围绕"本研一体化培养方案设计,课程体系优化"等九个主题开展讨论。进一步凝聚了"人才培养是学校第一要务,立德树人是教师第一职责"的共识,更加坚定了"以学生为中心,学生学习与发展成效驱动"的理念,"教师潜心教书育人,学生刻苦读书学习"的氛围更加浓厚。对照《哈工大一流本科教育提升行动计划2025》和《关于开展高等教育思想大讨论的通知》要求,深圳校区启动第二轮教育思想大讨论。

深圳校区课程体系建设充分借鉴国际权威认证《华盛顿协议》要求,以目标为导向,为未来工程教育认证工作奠定基础。开展"思政课程"和"课程思政"专项建设,8门课程获批立项;开设创新实验课和创新研修课32门,极大提升学生实践创新能力;38项(39个品种)教材/专著入选哈尔滨工业大学"双一流"建设精品出版工程。面向教师举办"荔园讲堂",选拔优秀教师赴国外知名高校培训,开展新教师培训,有效提升教师综合素养。

深圳校区召开第一次教育工作会议

严格落实教学准入、学生评教、教学督导、领导听课等常态化评价监控机制，邀请校本部特聘督导专家来深圳校区进行全面指导，在教学各环节体现统一规格、统一标准、统一要求，全方位保障教学质量。利用深圳众多高新技术企业聚集等地域优势，深入推进科教融合、产教结合。聘请企业专家参与培养方案制订，进校讲座或参加课堂教学、科技创新项目及课程设计与毕业设计指导等实践教育环节。通过整合优化创新创业实践资源，初步建立起课程设计、实验、实习、竞赛、创客空间等相结合的创新创业教育体系。

三、加强办学条件建设　为人才培养提供有力保障

经过充分的调研和校内需求调查，2018年底，深圳校区开始规划建设智慧教室，规划数量48间，建设类型包括：常态化录播教室、多屏研讨教室、双屏教室、网络互动教室。功能上支持小班互动研讨式教学，支持课程全程录制和在线直播授课，解放老师双手，配备非手持话筒。除升级硬件设备以外，还购买了配套的课程平台，支持直播授课，支持课前发布预习材料，课中签到、互动，课后观看课程回放、在线完成作业、在线讨论等。同时教学管理人员可以通过手机 APP 及课程平台后台进行课程巡视和督导听课。同时以 H 栋 5 楼为试点，走廊、开放空间等公共区域与教室一体化设计和装修，提供半开放式研讨间、休闲区、展示区等，给老师和学生提供温馨、舒适的教学和学习环境，形成开放、研讨的学习氛围。智慧教室预计在 2020 年 8 月份建成，届时将以智慧教室为基础，推动研讨式教学方法改革，调动学生学习的主动性。效果较好的话，计划继续加大智慧教室的数量和规模。

深圳校区坚持"分散规划、集中建设、统一管理、协同运行"的原则，成立实验与创新实践教育中心。通过该中心，巩固和加强本科教学中心地位，面向全体本科生提供通识与基础、专业两个层次的实践教学内容，使学生的基础理论更加扎实，实践能力不断增强；同时开展创新创业教育、文化素质培养，培养理想道德高尚、创新型高素质人才；面向对科学研究兴趣浓厚的本科生及全体研究生开设研究型综合实验，以培养其科学素养及解决复杂工

程问题的能力。实验与创新实践教育中心打破学院、学科壁垒,最大限度地实现实验教学资源的开放、共享。

实验与创新实践教育中心建筑面积4万平方米。成为布局合理、设备先进、开放创新的校级实验教学平台,构建本研贯通多层次的实践教学体系,为创新人才培养提供有力支撑。实验与创新实践教育中心现设有机械与控制实验教学部、电气电子实验教学部、材料与土建实验教学部、计算机及仿真实验教学部、理学实验教学部。截至目前,已开课实验室100间,采购实验设备7 000多台(套),2019年开出133门课程,共计26.82万人时。初步形成集课内实验、大学生创新创业计划、学科竞赛、实习实训等全链条、综合性、一体化协同创新实践平台。

建设本研一体化教学管理与服务平台,为师生提供良好的服务,为深圳校区建立研究型大学人才培养体系提供全面信息化支持。本研一体化教学管理与服务平台功能涵盖教务部所有负责业务,包含学籍管理、培养方案、执行计划、教学任务、排课、选课、成绩、评教、实习实践、交流交换、毕业、学位、教学研究、教师发展等,实现了从新生入校到毕业离校全流程的管理。通过对深圳校区本科生教学与研究生教学进行统一规划,以教学数据为基础,以教学服务为导向搭建上层应用,实现了本研业务管理一体化、教学数据一体化、教学资源一体化、教学服务一体化,并随着本研培养方案的不断深化设计,逐步实现人才培养的一体化,践行个性化培养和柔性化管理的教学理念。平台可为广大师生提供优质的一站式教学服务,为各级教学管理人员提供贴合业务的管理助手服务,为各级领导提供教学决策分析服务。

配合本研一体化教学管理与服务平台,建设学生自助注册打印一体系统,在每个学期初学生返校报到之际,本科生和研究生可以在系统上进行自助注册、自助打印各类学籍、成绩证明材料,为全校学生提供高效便捷服务。

同时引进课程建设资源平台,提升信息技术在教学中的应用,将课前预习、课后复习与答疑、课后作业发布与提交和课堂教学建立沟通桥梁,让课堂互动永不下线,助力教师开展教学信息化改革与线上教学。平台的建设不仅丰富了教育教学手段,同时可以沉淀教学运行中产生的各种数据,形成深圳校区和老师的重要教学资产，实现"以学生为中心"的在线自助学习，提升教育质量。

四、坚持理论联系实际　提升人才培养质量

深圳校区将科研育人摆到突出位置，坚持理论联系实际，积极培养各层次学生的学术科研兴趣，全方位打造高质量的科研育人体系，结出累累硕果。

深圳校区组织各级各类学科竞赛33项，获国家级奖项77项、省部级奖项281项。电子科学与技术学科博士生张楠在太阳能电池材料转化研究上取得突破，入选2017年"未来女科学家计划"，并作为中国内地唯一候选者参加"世界最具潜质女科学家"的评选；计算机科学与技术学科博士生桂林荣获"2018年度中国人工智能学会优秀博士学位论文"奖，为广东省首次获奖；计算机科学与技术学科博士生张正荣获"2019年度中国电子学会优秀博士学位论文"奖；计算机科学与技术学院2016级本科生陈润泽作为第一作者获得第三届亚洲人工智能技术大会学生优秀论文奖；机电工程与自动化学院2016级本科生郭笑霖、苏御风在第十二届智能机器人与应用国际会议上发表会议论文，其成果将有效减少机器人身上的电机数量，简化机器人的结构，让机器人"轻装上阵"；材料科学与工程学院2016级本科生孙铭泽、段文迪分别在《材料科学技术》（影响因子5.04）、《分析化学》（影响因子6.35）上发表了学术论文。

深圳校区学生还多次包揽国际国内机器人大赛的冠亚军，其中Critical HIT机器人创新团队在ICRA 2018 DJI RoboMaster人工智能挑战赛获全球亚军；建筑学院学生屡获国际设计竞赛奖项，其中3人获IAHH第七届国际学生设计竞赛（国际人居协会）一等奖；ACM-ICPC国际大学生程序设计竞赛区域赛实现金牌零的突破，在全国周培源大学生力学竞赛中获得一等奖且获奖数量居广东省高校首位，全国大学生英语竞赛获特等奖3项，全国大学生信息安全竞赛获一等奖，全国大学生数学竞赛决赛获全国二等奖2项。

2019年，大学生创新创业训练计划项目立项30项，获评国家级项目10项；获中国研究生未来飞行器创新大赛一等奖；获全国大学生数学建模竞赛一等奖 3 项并获组委会颁发的优秀组织奖。

目前，深圳校区已经与 19 家企业合作建立校外实习基地；与华为公司达成初步合作意向，在课程、实习实训等方面进行深入合作；组织学生参观走访华为、腾讯、中兴等 30 余家高新技术企业和科研机构，开展认识实习、调研等活动。

迄今为止，深圳校区累计培养硕博毕业生 1.1 万余人，为国家和地方社会与经济发展输送了一大批工程实践能力强、具有团结协作与创新精神的理工类人才。毕业生专业功底扎实、工作态度踏实，并具有突出的创新能力、坚韧的抗压能力和卓越的拼搏动力，受到用人单位的广泛赞誉。历届毕业生留在广东就业的人数占就业总人数的比例近 60%，留在深圳就业的人数占就业总人数的比例超过 50%，就职于深圳高新技术企业和科研单位的人数占留深就业人数的 80%，超过 70% 的毕业生就职于华为、腾讯、百度、阿里巴巴、IBM、深圳证券交易所等知名企业。

深圳校区高度重视学生创新创业工作，历届毕业生创办企业百余家，初具规模的企业有 62 家，其中 89% 为创新型企业或研究院，涌现出了包括李群自动化技术有限公司在内的一批国家级高新技术企业、高产值公司、新三板上市公司与"独角兽"公司。

五、积极响应国家号召　开展创新创业活动

深圳，是改革开放的窗口，是志愿者之城，也是创新之都。为了响应李克强总理"大众创业、万众创新"的号召，2014 年，深圳校区成立青年创客空间，聚焦学生的创新创业能力培养，采用以学生社团自运营为主、教师指导为辅的运作模式，为学生提供创意实践平台、创新技术指导、创业孵化帮扶、创投资源整合等专业化服务，经过多年发展已成为拥有人才资源优势、核心技术能力优势、产品工程转化能力优势的全要素新型创客空间，是深圳最具影响力和特色的高校创客空间。

2015 年 6 月，"青年创客空间"荣获共青团深圳市委员会颁发的"鲲鹏汇青年创新创业服务机构"称号。同年 9 月，荣获深圳市科创委"创客"专项资金"创客"空间（第一批）项目200万经费支持，为深圳市首批21家单位中唯一的高校。

2016年3月，"青年创客空间"荣获"中华人民共和国科学技术部众创空间"称号，被纳入国家级科技企业孵化器管理服务体系，成为深圳首家获此资质认证的高校。

自成立以来，青年创客空间面向本科生开展了多场3D打印设计、三维建模、电子设计、单片机等不同种类十余场次的创客教育培训课程，数百名学生积极参与了培训课程。同时，青年创客空间开展了首届校企联合培训课程，邀请创新创业企业高管为学生分享创业成功的经验。同年青年创客空间又新拓展了微软学生俱乐部、DJI校园俱乐部两大机构，加深了与微软、大疆等大型公司的交流与合作。

虽然成立时间只有短短几年，但青年创客俱乐部已为深圳校区斩获了累累荣誉。2018年，俱乐部旗下Hiter战队在来自世界各地128支队伍中脱颖而出，斩获第二届"国际青少年无人机大赛"总决赛特等奖；同年，深圳校区与香港中文大学联合组成的RoboOdyssey战队，凭借快速的视觉识别、灵敏的运动控制能力和超强的抓取能力在2018年京东X机器人挑战赛中揽获二等奖与金蛋奖。学生荣获2019年粤港澳大学生工程训练综合能力竞赛一等奖、2019年"互联网+"黑龙江省比赛金奖、深圳市2019年"逐梦杯"创新创业大赛二等奖等多项奖励。

六、菁菁校园施展才华　社团促进全人发展

深圳校区地处改革开放前沿，提倡培养学生"德、智、体、美、劳"全面发展。以"铭记责任，求真务实，海纳百川，自强不息"的哈工大精神为内核，融合"开拓创新、诚信守法、务实高效、团结奉献"的深圳精神，逐渐形成了以思想引领、志愿服务、创新创业、文化艺术、体育竞技为主要阵地的多元化、全方位校园文化体系。自成立以来，学生课余生活不断丰富，各类学生社团如雨后春笋般不断涌现。各项校园活动极大地丰富了校园文化氛围，促进了深圳校区学子综合素质的提升，让学生在校园里有了一个更为广阔的施展才华的天地。

深圳校区团委于 2011 年、2014 年、2018 年，三次荣获深圳市五四红旗团委；2012 年，荣获广东共青团"创先争优 服务大运"五四红旗团委；2013 年，荣获哈工大"三育人"先进集体；2018 年，深圳校区青年创客俱乐部荣获"广东省优秀学生社团"称号。

依托各学生组织、学生社团，深圳校区开展了大量具有思想引领高度、有益学生身心健康、促进学生职业发展的校园文化活动，目前共建设了研究生会、学生会、社团联合会三大学生组织，以及青年创客俱乐部、就业协会、义工联合会、心理协会、足球协会、篮球协会等 36 个学生社团。

多年来，深圳校区打造了一系列高质量的校园文体活动，历年来开展了近 60 项文化、体育、艺术类活动：激励青年、凝聚青年的"五月花海，拥抱未来"五四表彰晚会暨学生合唱比赛；历史悠久、传承时间仅次于荔枝节晚会的十佳歌手大赛；涵盖足篮排、乒羽网、游泳棋牌，每年覆盖全校学生 50% 以上的体育文化节；寓教于乐、无所不包的头脑奥林匹克风暴大赛；为深圳校区各项活动输送了大量主持朗诵人才的"荔园杯"主持人大赛；为学生奔赴职场架桥铺路的模拟招聘大赛；释放压力、传递爱心的"5·25"心理健康日系列活动；锻炼动手能力、品味四海美食的校园厨艺大赛；锻炼逻辑思维、提高学子人文素养的"辩在荔园"辩论赛等。同时，在深圳市举办的各类活动中，也都有深圳校区学生活跃的身影：2013 年，斩获深圳大学城赛艇比赛冠军；2018 年，荣获深圳市读书月辩论赛亚军；2019 年，荣获深圳市青年与廉洁创新思辨大赛季军。

七、赠人玫瑰手有余香 荔园孕育义工文化

深圳，是义工之城，"来了就是深圳人，来了就做志愿者"的义工文化已经深深植入了深圳校区学子的内心。2010 年 5 月，在深圳研究生院党委的领导、团委的指导和学生自发倡议下，成立了志愿为青少年和社会提供义工服务的学生社团"深圳校区义工联合会"。截至 2019 年秋季，深圳校区在籍学生中，已有数千人注册深圳市义工。

多年来，深圳校区义工联合会利用多种途径为学生创造服务社会的机会，

广泛开展助老助学、精准扶贫、支教献血等公益活动，为2011年世界大学生运动会、高交会、海峡两岸学生棒球联赛、国际低碳城论坛、南山半程马拉松、深圳马拉松等大型国际展会及赛事提供志愿者近万人次；为街道、社区提供助老、助学、助残等志愿服务两万余小时；先后组织近千名同学爱心献血数十万毫升，多次获得深圳市血液中心颁发的"感谢状"；为各地灾区及贫困同学募集善款近百万元，为深圳建设志愿者之城奉献了深圳校区的爱心，提供了深圳校区力量，展现了深圳校区担当。

自2013年起，深圳校区连续5年承办共青团深圳市委员会、深圳市水务局和少先队深圳市工作委员会主办的深圳市高校节水宣传实践系列活动，曾先后多次荣获深圳市节水志愿工作"最佳宣传奖""最佳集体奖""先进集体奖"等荣誉称号。2019年7月，深圳校区计算机科学与技术学院本科生孟煜彬为深圳市某白血病患者捐献造血干细胞，成为深圳市首例捐献造血干细胞的高校在校生。9月，根据上级文件精神，首次选拔计算机专业的优秀本科生到西部地区开展为期1年的研究生支教工作。

在服务社会方面，深圳校区鼓励1 100余名学生志愿者围绕科技、文化、健康、创新等主题，先后为深港城市/建筑双城双年展、深港澳青年文化艺术交流季、慈展会、深圳高交会、深圳马拉松、南山半马、海峡两岸学生棒球联赛等国际展会及赛事提供义工服务数千人次，通过志愿服务促进深港澳青年交流合作、增进情感融合，助力大湾区建设。

第四节　探索用人机制改革　强化师资队伍建设

由刘永坦、杜善义、周玉、欧进萍、方滨兴、魏奉思、任南琪、韩杰才等20余位专兼职两院院士领衔,深圳校区形成了以院士为引领、长江学者等为骨干、"四青"为主体的"大师+团队"的人才格局。全职教师中78人次入选国家级人才计划,254人次入选地方级人才计划,80%以上具有海外留学或工作经历,90%为国家及深圳市政府认定的各级高层次人才。非全职教师由来自世界知名高校、科研院所的高水平专家、学者构成,中国两院院士龚旗煌、吕跃广、岳清瑞、赵沁平,英国皇家工程院院士埃斯特班·比索(Esteban Busso)等近20位国内外顶级专家受聘为深圳校区首席学术顾问。

一、坚持人才引领发展　汇聚国际高端人才

功以才成、业由才广。全部科技史都证明,谁拥有了一流创新人才,拥有了一流科学家,谁就能在科技创新中占据优势。深圳校区始终坚持人才引领发展的强校战略,除长期在国际主流学术媒体发布招聘广告外,还多次赴北美、欧洲、日本等多所著名高校举办专场招聘会,引进了一批活跃于国际学术前沿和国家重大战略领域的学术大师、领军人才和青年学者。

2019年底,深圳校区召开了首次人才工作会,提出并推进持续深化人事制度改革,实现一流师资队伍建设的目标和举措,统一全校上下思想,明确下一个阶段的工作任务。

深圳校区在若干重要学科领域聘请两院院士或世界知名学者担任首席学术

顾问，把握学科发展方向。至今已聘请2006年诺贝尔物理奖获得者乔治·斯穆特，2011年诺贝尔化学奖获得者达尼埃尔·谢赫特曼，埃默里大学副校长杰弗里·考普兰，约翰霍普金斯大学杰出贡献教授阿尔弗雷德·萨默，英国皇家工程院院士埃斯特班·比索，澳大利亚科学院院士罗伯特·安东尼亚，加拿大工程院院士克拉伦斯·席尔瓦，中国工程院院士方滨兴、吕跃广、岳清瑞、吴伟仁，中国科学院院士涂永强、龚旗煌等一批学术大师为我校首席学术顾问。

深圳校区在优势学科重点引进了一批入选国家级人才计划的学科学术带头人，牵头组织科研创新团队和重大项目攻关。先后引进、培养全职两院院士8人、中组部"千人计划"创新长期项目人才15人、"国家杰出青年科学基金"获得者及"长江学者"11人、国家"百千万人才工程"国家级人选5人、中组部"千人计划"青年项目人才19人、国家"万人计划"领军人才2人、国家自然科学基金委优秀青年科学基金项目获得者5人、教育部"新世纪优秀人才支持计划"入选者16人、广东省珠江人才22人、国务院政府特殊津贴专家6人、深圳市鹏城学者特聘教授15人、深圳市鹏城学者讲座教授22人、深圳市政府特殊津贴专家9人。一大批高层次人才的加入，为深圳校区教学科研事业的发展，奠定了坚实的基础。

二、大力引培青年人才　不断优化师资结构

除积极引进高端人才外，深圳校区大力弘扬哈工大"大力提拔、大胆使用青年人才"的工作传统，为青年教师的职业成长的快速提升建立了培养和保障机制，培育了一批在相关学科研究领域具有一定影响力、具备较强国际学术竞争力的优秀青年人才：电子与信息工程学院张钦宇教授于2003年12月入职深圳校区，从事无线通信、传输网络、空间信息学等领域研究，先后荣获教育部新世纪优秀人才、国家杰出青年科学基金、科技部人才推进计划－中青年科技创新领军人才、广东省特支计划、深圳市鹏城杰出人才奖；机电工程与自动化学院李兵教授2003年12月入职深圳校区，从事仿生机器人研究，先后荣获国家"万人计划"科技创新领军人才、"百千万人才工程"国家级人选、有突出贡献中青年专家、科技部"中青年科技创新领军人才"，曾获国家技术发明奖二等奖一项、黑龙江省技术发明奖一等奖一项。

博士后是高校师资队伍建设及科研工作的重要后备力量，深圳校区充分利用深圳的产业优势和优惠政策，从 2004 年起即积极开展博士后培养工作，逐步形成了产、学、研相结合的博士后培养特色。截至 2018 年底，深圳校区累计招收培养博士后 400 余人，先后与深圳 70 家企（事）业单位合作培养，在站全职博士后近 140 人。深圳校区于 2008 年当选深圳市第一届博士后联谊会理事长单位，承办了第十五届全国高校博士后管理工作研讨会，并代表深圳市在全国博士后工作会议上做经验介绍，为深圳博士后培养机制和管理体制创新起到了引领和示范作用。

为优化教师队伍结构，提升教师队伍的整体竞争力，深圳校区建立了"非升即走"的人才聘用机制，有效激发了青年教师的学术潜力，促进了更多高质量研究成果的产出。此外，深圳校区利用筹备举办本科教育的契机，在深圳校区设立的过渡期实行"老人老办法、新人新办法"的人事改革方案，设计了以员额制管理为主体、事业单位编制管理作为补充过渡的人事管理模式，为深圳校区未来进一步科学调配人力资源奠定了良好基础。

深圳校区始终坚持人才强校战略，引进了一批活跃于国际学术前沿和国家重大战略领域的一流领军人才和青年学者，初步组建了一支"大师引领、骨干支撑、后备发展、专兼结合"的教师队伍。与深圳校区去筹时相对比，全职教师队伍人数从 285 人增长到目前的 461 人，年增长率达到 21%。其中，教学科研系列教师 424 人，教学系列教师 24 人，研究系列教师 13 人，实验技术系列 72 人，全职在站博士后 125 人。教师队伍的壮大有力保障了深圳校区各项教学科研活动的开展。

深圳校区作为国际化办学的示范区，坚持引进具有国际化经历及视野的高水平人才，不断提升师资队伍的国际化水平。截至 2020 年 3 月，全职教师 86% 毕业于海外一流大学或有 1 年以上的海外工作经历，特别是近三分之一的教师毕业于世界排名前 100 的大学，国（境）外教师比例占 8%，有力支撑了深圳校区国际化办学水平。

第五节　以科技进步与技术创新为使命

深圳校区致力于推动科技进步与技术创新，依托哈工大校本部深厚的学术积淀、深圳优越的创新创业环境和产业战略布局，建立了多个高水平科研平台，重点研究领域始终与科技发展、国际学术前沿保持同步。深圳校区已建成1个工信部重点实验室、1个广东省重点实验室、1个广东省工程技术研究中心、19个深圳市重点实验室、18个深圳市工程实验室、8个深圳市公共服务平台、1个深圳市工程研究中心和3个深圳市南山区创新机构。

深圳校区科研创新步伐持续提速，正加速建设重点实验室集群，包括5个"一室两区"国家级重点实验室和3个院士平台；作为广东省启动建设的首批4家广东省实验室之一，深圳网络空间科学与技术广东省实验室（鹏城实验室）以哈工大（深圳）为主要依托单位，由深圳市政府投入约135亿元建设；建在深圳的特殊环境材料科学与应用研究装置与建在哈尔滨的空间环境地面模拟装置，围绕着空间环境等特殊环境模拟及物质科学开展研究，将打造规模最大、功能最齐全相关领域的世界级研究基地；国家重大科技基础设施项目——空间环境地基监测网（子午工程二期），为校区参与的第一个国家重大科技基础设施项目，承担建设哈工大深圳站的任务；空间科学与应用技术研究院，将助力深圳建设南方空间科技研究中心；材料基因与大数据研究院致力于打造在国内外具有影响力的研究平台，将为深圳市乃至广东省的新材料产业的升级换代、提升企业的创新能力发挥积极推动作用；国际设计学院、深圳全球化发展研究院、生命科学与健康研究院、深圳市诺贝尔奖获得者实验室等重量级教学、科研平台都已处于建设阶段，创新载体建设驶入"快车道"。

一、立足国际学术前沿　科研成果丰硕喜人

建校以来，深圳校区始终坚持立足国际学术前沿，面向国家重大需求、面向国民经济主战场，服务区域社会经济发展，通过研究和积累，取得了一批有影响力的重大科研成果，催生了一批具有创新性、能带动产业升级的高新技术。

近5年，深圳校区累计获科研合同经费近16.75亿元，历年累计获科研经费25.77亿元；累计发表SCI检索论文5 187篇，80余篇文章入选ESI高被引论文，刘滨教授的多篇论文入选"2015年中国百篇最具影响国际学术论文""2016年中国百篇最具影响国际学术论文""2017年中国百篇最具影响国际学术论文"，多位教授入选Elsevier高被引科学家；历年累计授权专利1 138项，其中发明专利882项；获各类科技奖100余项，其中国家级12项，"空间折展与锁解机构关键技术"获2014年国家技术发明奖二等奖，"混凝土技术结构耐火关键技术及应用"获2014年国家科技进步奖二等奖，"大规模网络安全态势分析关键技术及系统YHSAS"获2018年国家科技进步奖二等奖，"高层钢－混凝土混合结构的理论、技术与工程应用"获2019年国家科技进步奖一等奖，"保障软件可信性的程序验证基础理论"获2019年国家自然科学奖二等奖。以深圳校区作为第一完成单位的"复杂高层结构抗震设计理论与工程应用"获2017年广东省科学技术奖一等奖。

历年来，深圳校区取得的部分重大技术成果如下：

（一）电力电子与电力传动相关技术（机电工程与自动化学院教授张东来）

"航天数字化DC/DC电源"技术：因PCU的重要性和复杂性，此前我国100 V高压大功率全调节母线PCU长期依赖进口。课题组针对航天高压大功率PCU研制过程中存在的难题进行了基础研究和技术攻关，解决了我国大功率卫星平台PCU研制和二次功率变换系统的难题，提升了国内航天器系统设计和研发能力，该成果已同深圳航天科技创新研究院等单位合作正式服务于我国某重大专项卫星型号任务，并在GEO、IGSO、MEO、LEO和SSO等轨道上相继为导航、通信、高分以及科学实验卫星等领域12个型号任务提供了共

计 35 颗卫星的 PCU，目前有 9 颗 PCU 已在轨成功应用，填补了国产化 PCU 的空白，使我国航天业摆脱了对进口高端电源模块的依赖，为国家的航天事业做出了重要贡献，相关项目课题共申请发明专利 62 项，授权发明专利 32 项，获 2017 年度高等学校科学研究优秀成果奖科技进步奖一等奖 1 项，省部科技进步奖二等奖 2 项，2017 年深圳科技进步奖一等奖 1 项。

新能源与智能电网技术：与中兴通讯（通讯三相整流器）、深圳双合电气（电力录波器）、深圳航天、广州日滨科技（液压支架电液控制系统）、航天科技五院、佳华利道（新能源客车）等深圳及周边企业院所充分合作，形成产品，为深圳相关产业提供重要科技支撑。

无损检测技术：在油管、钢丝绳探伤上的成果引起众多相关企业和美国无损检测协会的关注，目前在深入洽谈合作事宜，并于最近在重要军事平台上成功应用。

（二）水体污染控制、水资源与水环境安全相关技术（土木与环境工程学院教授董文艺）

在国家"十一五""十二五"科技重大专项课题、国家自然科学基金课题、广东省水利厅项目、深圳市科技计划、深圳市水务局与人居环境委员会科研项目的资助下，针对深圳市城市污水处理与资源化、饮用水安全保障、水环境生态修复、节水技术与管理、工业废水处理与资源化、海绵城市建设与监测评估等重要领域开展了系列研究，获得国内发明专利 34 项、PCT 专利 1 项，发表学术论文 70 余篇，发表学术期刊专刊 2 部，形成节水政策 5 项、技术标准 2 项、教材专著 2 项。研究成果获得建设部"华夏建设科技奖"、建设部"科技创新先进个人"、2018 年国家技术发明奖二等奖 1 项等奖励。

污水处理技术：根据我国城市污水低碳源高氨氮的水质特点，以处理出水稳定达到一级 A 排放标准为基本要求，以深圳、武汉和桂林 3 个城市为依托，先后完成 14 座污水处理厂的新建 / 改建工作，包括新建深圳市葵涌上洞污水处理厂、深圳市港莲景观生态污水处理站等，提高了深圳市在高标准污水处理工艺开发、景观生态型污水处理设施、污水处理厂节能降耗等方面的创新能力与技术服务能力。

河道生态治理技术：完成了龙岗河生态治理工程、深圳湾体育中心底泥除臭应急项目等工程，提升了深圳市在河道治理、底泥生态处理等方面的创新能力与技术服务能力。

节水技术：针对深圳创建全国节水型城市的需求，以深圳华丰电子器件有限公司的生产现状为样本，研究了电子产业的基础行业——印制线路板行业，研究了以节水控源、污染物输出最小化为核心的清洁生产技术和循环经济模式，形成涵盖战略、规划、法规、政策、技术和市场等多层次、整体性的城市综合节水示范体系，建设了一批节水示范项目，提升了深圳市在城市节水管理、节水技术方面的创新能力与技术服务能力。

饮用水处理技术：完成了水厂自来水直饮工程，并在深圳市梅林、笔架山、沙头角等水厂进行了示范应用，提升了深圳市在饮用水安全保障、深度处理等方面的创新能力与技术服务能力。

（三）城市工程多灾害防御控制体系（土木与环境工程学院教授滕军）

针对地震、台风等自然灾害，深入研究了各灾害的灾变机理，实现了对结构易损性、可靠度的准确分析。开发了地震失效量化评价及控制技术，自主研发了结构大震弹塑性分析软件，建设了华南地区最大、深圳唯一的边界层风洞，能实现各种复杂风环境的准确模拟。

复杂高层建筑结构大震失效分析、评价及控制技术：复杂高层建筑结构大震非线性分析平台的核心技术全国仅四家单位拥有，深圳校区研究成果处于全国领先水平；基于整体稳定和构件尺度的结构大震失效评价方法广泛应用于实际工程中，已完成深圳创投大厦、深圳天安数码城、深圳航天科技广场、深圳绿景大厦等19项复杂高层建筑结构大震弹塑性分析及评价，总效益达41 879万元；复杂高层结构基于最优失效模式的大震设计方法在新型结构体系和结构设计理论领域形成新的研究方向，成果达到国际领先水平，直接应用于深圳创投大厦、深圳天安数码城等多项实际工程，为新型结构体系设计提供了依据。

团队历年积累获得了多高层建筑多维抗震分析与振动控制－理论及工程应用、广州塔工程关键技术及国家游泳中心"水立方"工程建造技术创新与实践等国家级奖项3项，京基100大厦关键技术研究与应用等省部级奖项6项，2018年以哈工大（深圳）为第一完成单位获广东省科学技术奖一等奖，教育部高等学校科学技术进步奖一等奖（2015年）等，为深圳在重大土木建筑工程及重要科

（四）铝基水解制氢材料的研发（材料科学与工程学院教授刘兴军）

深圳校区材料科学与工程学院刘兴军教授团队利用铝的水解反应来制备氢气，开发了一种新型高效水解制氢复合粉体，并结合氢氧燃料电池开发氢能发电系统。团队就相关技术成果曾在science发表论文一篇，并已有相关授权专利"一种抗氧化的水解制氢复合粉及其制备方法""一种核/壳结构的铝铟锡合金粉体及其制备方法"等多项。"移动氢源用高效水解制氢复合材料及发电系统的开发"曾获广东省第五届金博奖"创新典范奖"。

该技术成果可以实现真正意义上的随时随地产生氢气，使得氢气以合金的形式进行间接存储，大大降低了氢气存储的成本，无须外加电源和化学物质，也使得制氢系统变得更加安全化、小型化和灵活化，可以为氢燃料电池进行实时供氢，有望取代罐装氢气、硼氢化钠、甲醇等氢源，成为新能源领域的新方向。产品可应用于应急电源、便携式移动电源、加氢站、氢能汽车、海上钻井平台、孤岛、无人机等民用及军用方面。该反应体系因其高容量、高性能显示出强大的市场竞争力。铝－水分解制氢的燃料电池的电源不仅可替代现有的干电池和部分二次电池，还具备取代小型发电机电源的潜力，具有巨大的市场应用前景。目前团队正在与深圳五洲龙等汽车公司进行合作，开展铝基水解制氢发电系统与汽车的对接。

（五）深空探测技术（电子与信息工程学院教授张钦宇）

深空探测作为空间科学的重要组成部分，是人类进行空间资源开发与利用、空间科学与技术创新的重要途径，其发展水平体现了国家的科技水平和综合国力。深空通信是保障探测任务顺利实施的重要手段，而随着深空探测范围的扩大、探测任务日趋复杂多样。目前基于点对点的通信体制和技术手段由于受到深空环境中大时延、大衰减等特性的严重制约，无法满足未来深空通信业务的传输需求。

深圳校区空天通信理论与技术团队围绕深空通信的基础理论与关键技术，依托未来星际互联网的基本框架，面向我国载人登月与火星探测等国家重大深空探测任务，从提高点对点链路的通信效能出发，研究微弱信号检测及信道编码与传输协议的联合优化设计，重点针对由超远距离而导致大时延、大衰减条件下的弱链路的可靠通信问题，在充分挖掘传统点对点的传输资源、提升传输性能的同时，开展了基于中继协作的深空网络化传输的研究。项目研究成果提出了深空中继通信技术新体制，突破了超远距离信息可靠传输难题，能够为我国未来深空星际网络拓扑结构、星座规划设计、网络基础设施构建以及深空探测计划提供一定的参考依据。研究成果入选"月球中继系统工程建设备选技术"和"2035空间发展战略优先发展技术方向"，并应用于"鹊桥号"地月平动点中继卫星的通信系统，实现了地月40万千米的信息高速连接，保障了"龙江"1号、2号实验星图传任务的顺利完成。

（六）云计算环境用户数据隐私保护关键技术（计算机科学与技术学院教授王轩）

该课题属于国家"863"计划研究项目，共形成隐私感知、密文云数据共享、查询、分析与计算4项技术，完成云环境下用户数据隐私感知、基于属性加密和代理重加密的动态密文云数据访问共享、基于谓词加密的多条件融合密文云数据查询和基于安全多方计算协议的密文云数据的分析与计算4个原型子系统的搭建，并集成为具有云数据隐私保护的原型系统，具备云数据访问、共享、查询/搜索、分析决策及外包计算等功能，能够实现在云提供商不完全可信的条件下，集数据隐私感知、访问控制、共享、查询、计算为一体的具有隐私保护的安全云服务平台，既能保证用户数据的隐私性，又能利用云平台的计算和存储能力。在尽可能地提高系统效率的前提下，保证用户数据和访问权限信息安全。

（七）滑坡及泥石流冲击吸能屏障研究（土木与环境工程学院教授陈锐）

应香港特区政府土木工程拓展署邀请，深圳校区和香港科技大学合作承担科研项目《动态冲击荷载下石笼及其他冲击吸收材料缓冲机理研究》，自行研发了大型撞球试验装置（可达70kJ冲击能），已开展动态冲击荷载下石笼的缓冲机理及性能研究。该项目通过筛选不同的吸能屏障材料，深入研究了材料的缓冲机理和性能认识并发展相关理论，为防护墙和冲击吸能屏障的设计提供宝贵的试验数据和科学依据。该项目研究成果能够有效降低泥石流和滑坡带来的人员伤亡及经济损失，保障山区及半山区城市的安全和可持续发展，同时有助于行业建立相应规范，促进滑坡及泥石流防护行业的创新发展。

（八）大数据挖掘技术及应用（计算机科学与技术学院教授叶允明）

深圳校区团队发展了空间大数据、互联网大数据、金融大数据等研究方向，攻克了深度挖掘和深度分析等关键技术，显著提升了数据挖掘精度和智能化水平。利用这些技术研发了气象短临预报系统、国产气象卫星自定标模型、通用数据挖掘平台DMBOX、自动证券投资系统、华为应用市场推荐系统和深圳海关自动检验检疫系统等，解决了智慧气象、企业应用和智能通关等领域的实际应用问题。

（九）网络空间安全（中国工程院院士、计算机科学与技术学院教授方滨兴）

面向国家重大需求，突破网络空间异常行为分析难题，提出了网络行为高逼真仿真模拟技术、目标网络快速生成技术、基于超知识图谱的网络攻击准确研判等关键技术，形成了多层次、多粒度、多维度的网络空间安全技术体系。研究成果在天地一体化网络、未来网、区块链等重点领域进行了技术示范应用，取得了巨大的社会和经济效益，还被应用于建设世界领先水平的泛在网网络靶场。

（十）宇航空间机构的设计与开发（机电工程与自动化学院教授李兵）

针对宇航折展机构大尺度、过约束、多构态的设计挑战，提出了宇航折展机构构型设计理论与大尺度组网成形方法，攻克了多螺旋导引、交替消旋、多模块联动与高精度曲面拼接技术，与航天五院联合研制了我国首个60米空间大型伸展臂，用于空间干涉SAR天线；研制出模块化平面相控阵天线折展机构，用于我国新一代遥感卫星56米天线（此前最大为15米）；研制了弹性铰链驱动二次展开式大型抛物柱面天线机构，用于某快速响应军事卫星。研究成果获得国家技术发明奖二等奖。

（十一）航空航天特种机器人（机电工程与自动化学院教授徐文福）

面向户外环境下反恐防爆、军事侦察等需求，研制了国内首个长航时、大载荷比的大型仿生扑翼飞行机器人系统，被列为国防创新特区重点项目，在2019年央视春晚深圳分会场的舞台上，以凤凰的姿态惊艳亮相，获得导演组和观众的肯定。开发双臂协作"小天"机器人宇航员，开展了载荷搬运、阀门旋拧、太阳帆板安装等实验。研制出具有主动变刚度、超灵巧、高精度的离散式柔性机器人系统样机，用于高轨道故障卫星的检测与维修（航天工程型号XXV-1）；提出的空间机器人轨迹规划、目标捕获控制方法用于"试验七号（SY-7）"，完成了我国首次在轨捕获漂浮目标的试验，获得军队科技进步奖一等奖2项。

（十二）安全可靠柔性印刷电子材料及快速印刷技术（材料科学与工程学院教授赵维巍）

面向国家发展柔性电子制造创新战略，解决了柔性印刷电子材料耐高温、阻燃、抗弯折等安全可靠性的问题，突破了新型复合性能印刷墨水的大规模制备技术，实现了功能化柔性印刷电子器件的快速制备。与传统电子制造技术相比，具有大面积制造、柔性化、绿色环保、低成本等技术优势，在信息、能源、医疗、国防等领域具有广泛的应用前景。成果已应用于柔性纸基芯片低温制备、可穿戴健康监测集成部件加工、可裁抗冲水系安全织物电池以及第三代半导体器件散热封装等。

（十三）变革性平面光子器件（材料科学与工程学院教授肖淑敏）

面向国家在节能环保、智能制造、新一代信息技术领域对变革性光子器件的迫切需求，利用以新型平面纳米结构取代传统曲面光学元件的理念，形成了包含结构设计、工艺开发、器件优化的全创新链。研制成功了大数值孔径、超薄集成显示和成像的镜头，实现了新一代高色散/零色散高效率平面镜头、新一代全彩色纳米打印与显示和新一代复用光通信与光存储。

（十四）脑影像智能分析及其临床应用（电子与信息工程学院副教授马婷）

面向全球脑科学研究的尖端挑战和我国老龄化带来对退行疾病临床的巨大需求，构建基于人工智能、大数据挖掘等技术的脑影像组学模型，编码与疾病对应的指纹信息，开发 Brain Label（SAAS）云平台，精度比肩国际领先的 FSL（牛津大学）和 FreeSurfer（哈佛大学）。该平台已在国内神经科排名前十的三甲医院（宣武、天坛等）使用，成为宣武国家临床研究中心的唯一影像大数据技术，为其 500 余家联盟医院（含深圳市）提供智能化分析服务，哈工大（深圳）也因此成为联合国项目事务署领衔"中国脑站"的联合发起三家单位之一。

（十五）光学与能源交叉领域新型超表面器件（材料科学与工程学院教授肖淑敏、理学院教授宋清海）

面向国家在高分辨显色、信息加密及能源利用、环保治理领域的巨大需求，探索出全新的二氧化钛超表面处理技术，首次将二氧化钛材料的消光系数考虑到光学超表面的设计中，同时将超表面对可见光的局域、增强效果拓展到光化学领域。成功探索出可动态、可逆地实现二氧化钛结构色的擦写和再现工艺，实现构筑信息的加密和解密，极大拓展了超表面在实际显色、加密和信息存储等领域的应用。进一步利用超表面局域的光能，显著提升二氧化钛的光催化效率，并实现超表面窄带波长依赖光催化的应用，为能源利用及环境治理提供新思路。

二、布局重大科技平台　强化战略科技力量

近年来，深圳校区瞄准国家创新驱动发展战略和"中国制造2025""互联网+"等重大战略部署，不断强化优势理工学科建设，大力引进、培育了一批活跃于国际学术前沿和国家重大战略领域的领军人才和科研团队，布局建设一批能够承担国家重大科研任务的科技创新平台和科技基础设施，积极融入深圳"十大行动计划"等新一轮创新战略布局。目前深圳校区正在推进的重大平台项目包括：

（一）4个重大科技平台

1. 重点实验室集群

深圳校区以源头创新能力提升和重要科技突破为指引，以健全政、产、学、研协同联动和开放共享机制为保障，以实现国家级科技创新平台的南北方优势互补为目标，从2016年起筹划建设重点实验室集群，具体包括两个部分：

一是以"一室两区"模式拓展建设哈工大的"城市水资源与水环境国家重点实验室""机器人技术与系统国家重点实验室""先进焊接与连接国家重点实验室""特种环境复合材料技术重点实验室""可调谐（气体）激光技术重点实验室"等5个国家级科技创新平台。

二是以全职引入两院院士为核心，匹配高端人才与创新团队，创建以刘永坦院士为核心建设的"空间信息网络及应用重点实验室"、以方滨兴院士为核心建设的"网络空间安全重点实验室"、以欧进萍院士为核心建设的"城市工程安全重点实验室"等3个扎根深圳的高端创新平台。

重点实验室集群项目已经2018年深圳市政府常务会审议通过，2019年移交工务署开展全过程咨询设计招标，后续将按照建设项目流程加快推进。

2. 深圳网络空间科学与技术广东省实验室（鹏城实验室）

2017年12月，深圳校区作为主要依托单位成功获批启动深圳网络空间科学

与技术广东省实验室建设，该实验室是广东省启动建设的首批 4 家广东省实验室之一，也是广东省委、省政府为了瞄准新一轮创新驱动发展需求，培育创建国家实验室、打造国家实验室"预备队"做的准备。

2018 年 3 月，该实验室正式命名为鹏城实验室并在深圳启动建设，深圳校区成为该实验室的唯一依托单位。实验室将积极抢占引领未来发展的网络空间战略制高点，规划和建设突破型、引领型、平台型一体的网络空间国家实验室，支撑广东省和深圳市网络信息技术创新和产业升级。

2018 年 7 月，鹏城实验室入驻万科云城，首批三位院士工作室正式签约，同时也启动了首批五个科研项目建设。

今后鹏城实验室将是深圳校区信息、计算机、人工智能等学科和领域的重要支撑。

3. 特殊环境材料科学与应用研究装置

这是深圳市在光明科学城布局建设的重大科技基础设施。该设施将构建涵盖热、力、电磁、辐照、腐蚀、高压以及多场耦合的各类特殊使役环境与材料、器件作用的研究平台，发掘微观结构与宏观性能构效关系，探索其中的物质结构演化规律和物理本质，实现新型功能材料研制和器件高可靠性保障的自主可控能力的大幅提升，为广东省未来信息、人工智能等新兴产业的发展提供重要的科学技术支撑。本项目已入选深圳"十大重大科技基础设施"并纳入优先建设序列。

4. 索维奇智能新材料实验室

以 2016 年诺贝尔化学奖获得者让·皮埃尔·索维奇牵头建设的诺奖获得者实验室，瞄准智能新材料发展前沿，以解决材料科学与工程领域的重大科学问题为目标，以产学研为导向，结合深圳市的科技产业发展，开展材料领域的基础科学研究。2019 年 4 月 12 日，该实验室正式揭牌成立，总投资预计 10 000 万元。

5. 空间环境地基综合监测网（子午工程二期）

参与的国家重大科技基础设施项目——空间环境地基监测网（子午工程二期）可研报告 2019 年获国家发改委正式批复，为校区参与的第一个国家重大科技基础设施项目。哈尔滨工业大学（深圳）作为子午工程二期项目的 15 个参建单位之一,主要负责哈工大深圳地基空间环境综合监测站(简称"哈工大深圳站")的建设实施和后期的运行管理。哈工大深圳站面向南方低纬度空间环境和空间天气开展实时监测,承建的内容包括:空间环境监测系统中低层测温激光雷达一部、中低层成分激光雷达一部、电离层数字测高仪一部、流星雷达一部、GNSS电离层TEC和闪烁监测仪一台,以及数据与通信系统深圳数据节点站。项目总经费为1 884.86万元。

(二)深圳全球化发展研究院

深圳全球化发展研究院由深圳校区与深圳市政府发展研究中心共同举办。研究院立足深圳,辐射全国,注重国际化与深圳发展经验的结合,具有高端智库、科研和教学三大主要功能。研究院重点关注全球化发展主题系列研究,提供高端智库咨询和教学培训服务,探索总结深圳的经验,推广深圳创新与改革的成果,努力将研究院建成具有世界影响力的全球化发展智库、全球化发展交流平台和全球化发展人才培养基地。

研究院与中国发展研究基金会、美国哈佛大学肯尼迪政府学院、美国霍普金斯大学、美国埃默里大学、联合国知识产权组织、世界银行国际金融公司达成合作共识,聘请了包括哈佛大学肯尼迪政府学院艾什中心主任、中国问题专家安东尼·赛奇教授,全国政协经济委员会副主任、中国人民银行货币政策委员会委员、国务院发展研究中心原副主任、中国发展研究基金会副理事长刘世锦教授,中国政府"友谊奖"获得者、美国埃默里大学副校长、美国疾控中心原主任杰弗里·考普兰教授,美国医学科学院院士、霍普金斯大学公共卫生学院名誉院长埃弗瑞德·索玛教授,新经济地理创始人之一、日本著名经济学家藤田长久教授,能源基金会(美国)中国总代表、国家发展和改革委员会国家应对气候变化战略研究和国际合作中心原副主任、巴黎协定中国代表团成员邹骥教授等一批在国内外享有盛誉和影响力的高级专家学者。

三、深入推进校企合作 促进科研成果转化

依托哈工大的工程技术优势和深圳市高新技术产业发达的优势,深圳校区与众多高科技企业开展了广泛的科技合作,建立了高效的校企协同创新机制,促进

了一批高水平科研成果的转移转化。深圳校区先后与 800 余家企业开展了实质性科技合作，与微软、腾讯、施耐德、中兴等知名公司共建 30 余个校企联合实验室，授牌西门子、华为、大族激光、美的等 60 家企业为校企合作产学研基地，为企业解决了千余个关键技术问题，历年累计产生横向课题经费近 4 亿元。

深圳校区作为哈工大"一校三区"的重要组成部分，依托深圳市与哈尔滨开展对口合作的契机，进一步提高了哈工大校本部与深圳企业开展产学研合作的力度，积极促进哈工大校本部科研成果来深圳孵化转化，以欧进萍院士的工程安全技术、长江学者赫晓东教授的碳纤维复合材料技术、夏吾炯教授的新型抗肿瘤药"曲贝替定"等为代表的 50 余项科研成果来深圳落地生根，产生了良好的社会经济效益。

部分高水平技术成果的转移转化情况如下：

（一）基于活体掌纹的生物特征识别技术的应用

"基于活体掌纹的生物特征识别技术"由深圳校区生物计算中心张大鹏、卢光明、徐勇教授所在的生物计算课题组牵头研发，该项目得到了国家自然科学基金、国家 863 计划、深圳市基础研究基金的资助，经过近 10 年的艰苦研究，开发出了一系列具有实用价值的掌纹识别系统。该成果的研究和推广将切实解决身份认证问题，对维护国家安全、保持社会稳定、促进经济发展有重要应用价值。

为了发挥该成果的实用价值，深圳校区通过市场评估后，组织课题组与深圳市中识智能科技有限公司等单位展开充分的产学研合作，共同转化科技成果。校企双方积极推动样品初试、中间试验，形成了基于活体掌纹识别的通关闸机、基于活体掌纹识别的非接触考勤和门禁系统、基于活体掌纹的监狱权限管理系统等实际应用产品，取得了良好的经济效益和社会效益。

（二）基于医学生物特征感知与分析技术的应用

"医学生物特征感知与分析技术"由深圳校区医学生物特征感知与分析技术工程实验室卢光明所在的医学生物特征识别团队牵头研发，历经 20 余年的挖掘研究，汇集多项尖端科学技术，遵循中医"望、闻、问、切"的辨证论治思想，研发了一系列可将舌象、舌下静脉、面相、脉象、气味等人体医学特征进行客观化采集、量化、分析的系统。该成果可精准采集人体中医医学特征数据，为中医类科研课题研究、药理/病理相关研究、中医药信息平台建设、中医教学考评以及人体生物特征研究提供科学的研究工具和方法。

为进一步推进该成果的转化工作,自 2016 年开始,深圳校区与中识健康科技有限公司展开了全方位的合作,建立了"哈工大-中识生物识别创新应用实验室",将生物识别领域十余年科学研究成果转化为成熟产品推向市场,并对已有技术产品进行深入开发,对生物识别领域新型产品进行创新研发。2016 年,推出第一代四诊仪 FD-1、舌面象仪 PTD-1,同时 FD-1 四诊仪也是唯一具备"望""闻""问""切"四诊合参功能的中医体质辨识设备。该成果的推广应用,可为各级医院中医科室、中医科研教学、智能中医馆、药品保健行业和企业个性化定制等提供系统的中医体征采集与分析解决方案,实现医学生物特征识别技术与传统中医科学深度融合的高效高值化利用,具有重大的社会意义。

(三)新型抗肿瘤药"曲贝替定"

深圳校区理学院教师夏吾炯及其研究团队与深圳海王集团从 2012 年开始合作研发"曲贝替定"的工业化生产工艺,在国内首次完成了该药物的中试工艺路线,成本为国外的八分之一,生产工艺具有完全自主知识产权。该项目研究已经获得两项中国发明专利授权,投产后年产值达到 8 亿元人民币规模。目前包括欧洲药品管理局(EMEA,2007 年)、美国食品和药物管理局(FDA,2015 年)在内几十个国家均已批准使用。中国国内还没有相关企业生产,临床应用完全依靠国外进口。

四、汇聚高校智力资源　助力文化强市建设

高校的智力资源与先进文化对城市的智库建设与文化建设具有重要的丰富和提升作用。多年来,深圳校区汇聚了一批海内外科技人才和文化精英,形成了充满活力、富于创新的校园文化,为深圳建设成与现代化国际化创新型城市相匹配的文化强市做出了积极贡献。

建校以来,深圳校区教师持续为深圳市政府机关和事业单位提供政策与城市建设的咨询服务,累计接受了近 50 个深圳市级政府部门和直属单位,各区政府部门和直属单位的委托项目 100 余项,参与了深圳低碳城、深圳前海深港合作区三四单元、光明新区、坪山新区中心区、宝安新中心区、落马洲河套地区等重要城市规划项目,协助开展了深圳保障性住房建设、政府采购制度、高层次人才公共服务模式和机制等研究项目，出具了深圳市基础研究发展情况、航空航天产业发展情况、珠三角规划纲要实施情况等评估报告，为深圳政府机关重大决策的咨询论证和重大规划项目的规划设计提供了有力支撑。

深圳校区教师多年来一直活跃在深圳的各类文化活动和创新论坛上，多次参加深圳市博士后创新讲堂、深圳大学城新论之名家讲座等面向高校学生和广大市民的高端学术讲坛，深度融入城市的文化发展。为了进一步丰富市民生活、发展公共文化，深圳校区主动出击，建立了"哈工大名师走进深圳高中课堂"品牌活动，组织曾任深圳市副市长的唐杰教授，哈工大校长助理、"长江学者"甄良教授等知名学者走进深中、深高、深外、卓雅小学开设讲座；深圳校区还与深圳市委宣传部进行合作，开展了"哈工大名师走进深圳市民文化大讲堂"品牌活动，首场讲座就由中国科学院院士、深圳校区空间科学与应用技术研究院院长魏奉思，为深圳市民奉献了一场题为《"隐形杀手"——你所不知道的空间天气》的精彩讲座。与TEDxFutian进行长期合作，参与演讲主题拟定，为其提供演讲嘉宾，在TEDxFutian2017年度大会上，电子与信息工程学院教授、国家自然科学基金杰出青年基金获得者张钦宇等为市民解读了深空通信领域对于宇宙探索的重大意义。

第六节 打造国际化办学的示范区

深圳校区始终牢记国际化办学的战略定位,积极开拓与境外知名大学的高水平合作,大力支持教师开展国际学术交流和国际教育教学合作,全面提升国际化办学能力。以建设"中国特色、深圳气质、世界一流"校区为目标,围绕工作要点,在提升市校风采和美誉度、搭建师生国际交流平台、打造多文化融合的国际化校园等方面切实开展工作。

一、拓展全球合作网络 助力培养拔尖人才

近年来,共邀请了50余所海外高校,累计100余个团组到深圳校区交流访问,与加州大学伯克利分校、英属哥伦比亚大学、密歇根州立大学、耶鲁大学、卡内基梅隆大学阿德莱德校区、牛津大学、伯明翰大学、布里斯托大学、思克莱德大学、拉夫堡大学、萨塞克斯大学、瑞典皇家理工学院、比利时鲁汶大学等国际知名高校签署协议及备忘录30余份。

举办了"2019哈工大(深圳)境外伙伴日"活动。邀请了来自4大洲22所境外友好高校及部分Top100高校来深圳校区举办教育展、宣讲会、研讨会,巩固加强国际一流高校"朋友圈",搭建师生国际化交流合作示范新平台。

二、教师跻身国际舞台 打造特色品牌项目

出台并修订相关管理办法,特别鼓励深圳校区教师开展富有成效、效果显著、有影响力的国际合作与交流,支持教师在各类国际组织担任重要职务以及

参加高水平国际会议等,鼓励邀请高端专家来校短期讲学交流,建立合作,共资助外国专家来校工作40人次。

出台《哈尔滨工业大学(深圳)学院国际化特色项目资助办法》,支持学院与世界排名前100的学校组织建设具有世界影响力的特色国际品牌项目。

三、构建多元交流体系 助力学生走出国门

提升深圳校区学子国际化视野,为学生走向国际舞台提供全方位支持。近3年,共计派出本科生及研究生近300人。2019年,推出海外交流项目60余个,项目类型涵盖学分、文化及科研类。

以"GO INT'L——走向世界"品牌,举办50余场讲座、宣讲会、交流会,举办2届海归教师面对面交流会,大力活跃校园国际化氛围,从理念上引导学生进行学业规划。

2018年,组织深圳校区模拟联合国代表团,参加牛津模联大会并获最佳立场文件奖;2019年,在牛津模联的赛场上,深圳校区学生代表队展现了良好的风貌,勇敢发声坚决捍卫中国主权,受到深圳市教育局和外办的表扬。

指导成立国际交流协会,积极开展各类学生国际交流活动,助力校园国际化建设,为学生进一步提高综合能力、拓展国际视野提供了良好的平台。

举办首届国际暑期创新创业营,来自荷兰、英国、韩国以及中国港澳高校的近40名学生参加,主要活动包含城市探索、企业参访及文化体验等;建筑学院的学子走进日本、新加坡、泰国的校园和街区,与当地学生共同为城市发展和规划出谋划策;比利时鲁汶大学的师生参加深圳校区WORKSHOP活动,深入城中村、踏访地标建筑,与深圳校区师生共同分享对于深圳这座城市的感悟。

四、依托粤港澳高校联盟 助力大湾区战略发展

2018年12月,举办首届"紫荆花开,与你同行——哈尔滨工业大学与香港高校交流会",进一步增进了深圳校区与香港高校间的了解。

2019年7月,深圳校区正式加入粤港澳高校联盟,组织师生与各联盟高

五、推进国际合作办学　建设国际设计学院

2015年7月，深圳市人民政府与哈工大、苏黎世艺术大学、西班牙加泰罗尼亚高等建筑研究院签署四方合作办学协议，共同建设哈工大（深圳）国际设计学院。该学院立足合作各方的优势学科，加强设计艺术与工程技术的交叉融合，结合珠三角产业转型升级和深圳"设计之都"建设需要，培养设计领域具有国际视野和竞争力的高层次创新人才。到2027年，学院全日制在校生达到1 200人（其中本科生800人、硕士生400人），继续教育规模达到300人次／年。

深圳校区高度重视国际设计学院的筹建工作，不仅将其纳入校区建设重点工作，还持续通过视频会议、中外互访、联合工作坊等多种形式与合作院校沟通协调，与合作院校共同选出了有丰富经验的管理骨干组成了筹建领导小组和筹建工作小组，形成了稳定有效的协商机制。根据协议要求，组建学院联合管理委员会作为国际设计学院的决策机构，决定学院的重大事项。

筹建工作小组围绕国际设计学院的办学定位、发展思路、主要任务和实施策略，先后完成了《哈尔滨工业大学（深圳）国际设计学院发展规划》《哈尔滨工业大学（深圳）国际设计学院中外合作办学申请书》《哈尔滨工业大学（深圳）国际设计学院可行性报告》《哈尔滨工业大学（深圳）国际设计学院办学章程》等文件，形成了比较完善的办学规划体系，并完成了设计学、建筑学、城乡规划等三个专业的本科及硕士教学计划、教学大纲及课程体系的制订工作。

2016年12月，国际设计学院建设项目获深圳市发展改革委批复，明确项目选址深圳市南山区深圳大学城校区南部、深圳校区本科校区东南侧地块，总建筑面积10.34万平方米，投资估算约6.7亿元。2018年3月，国际设计学院项目正式移交深圳市建筑工务署组织建设。2018年9月，深圳市建筑工务署召开国际设计学院设计定标会，确定了国际竞赛的优胜方案由中法联合设计

团队获得。计划2020年6月启动国际设计学院建设，学院大楼具有充足的公共交流空间、多样化的功能、生态性和开放性，体现先进的国际化设计理念，将成为校园内具有时代引领性的建筑景观。

按照教育部专家组和相关司局评议意见，筹建小组对国际设计学院中外合作办学的申报材料进行了两轮整改和重新提交。2019年12月第三轮申报整改材料在得到学校各部门和教育部的初步肯定后，已正式提交教育部，预计2020年内将获批复。

第七节　建设世界一流大学校区校园

一、校园建设融汇市校精神文化

深圳校区位于深圳大学城西南侧，占地33.89万平方米，目前已建成建筑面积42.57万平方米，另有可利用的深圳大学城共享建筑面积8.45万平方米（含图书馆、体育场馆）。

深圳校区主楼

(一)深圳校区校园

深圳校区研究生校园于 2003 年投入使用,占地面积为 14.57 万平方米,共有建筑 12 栋,其中宿舍楼 5 栋;总建筑面积 12.72 万平方米,其中办公、会议中心、教学及科研用房 7.24 万平方米,学生公寓和食堂等辅助设施 5.48 万平方米,以及田径场、篮球场、足球场等体育设施。

深圳校区本科生校园总用地面积 13.14 万平方米,总建筑面积 30 万平方米。其中,地上建筑面积 25.82 万平方米,地下建筑面积 4.18 万平方米,建筑功能主要包括教学、科研、实验实训、师生活动中心、学生公寓与食堂等。

在总体布局上,本科生校园规划因地制宜,根植深圳大学城自然与人文格局。在单体造型上,主轴线建筑表意传承哈工大精神,呼应哈工大"一校三区"统一形象;实验楼建筑形态依山就势,与自然环境有机融合;教学楼建筑立面简约大气,公共空间流畅连续;学生公寓宜居高效,服务设施配套齐全。在内部布局上,实现通用化、国际化、智能化和绿建化的空间特色。

本科生校园分为教学办公区域、实验实训区域、综合研发区域与学生生活区域四大部分:

教学办公区域设置在项目用地中心区域,中部为教学办公楼,南北两翼分别为科研创新楼与教学楼,3 栋建筑共同围合出面向东南敞开的礼仪广场,该区域构建出校区主入口序列,体现哈工大厚重的历史积淀,形成校园中央地标核心形象。

实验实训区域设置在校园东侧,布置了实验实训楼,局部 9 层的建筑体量配合端部退台处理,形成高低起伏的建筑天际线,与荔枝山相呼应,因其独特的平面布局得到了"S 楼"的昵称,打造国际化的一流实验实训平台。

综合研发区域设置在校园北侧,地下 2 层,地上 21 层。综合楼是整个教学实验区的视觉的终点,建筑序列的最高潮。建筑内部设置了创新性的国际名师交流讲堂空间、模式化的高端访问学者空间,立体化的庭院空间。

学生生活区域设置在校园西侧,布置了 5 栋宿舍楼与配套食堂,打造便捷、高效的学生生活环境。在宿舍首层沿建筑外侧设置风雨长廊,实现了宿舍与食堂、教学区之间的有效链接,为学生提供了风雨无阻的室外行走路线。

(二)国际设计学院

国际设计学院建设工程项目基地位于本科生校园东南侧地块,紧邻留仙大道;用地面积约为2.81万平方米;总建筑面积约为10.35万平方米,其中地上建筑面积8.95万平方米(含架空层及连廊6 200平方米),地下建筑面积1.397万平方米。

国际设计学院将融合艺术与科技,作为一座代表未来校园的国际化建筑脱颖而出。在规划设计时,运用智能化管理、智能技术、低能耗绿色环保材料等绿色建筑技术和措施,同时合理运用建筑装配式技术(含预制混凝土装配式建筑、钢结构装配式建筑)、被动式建筑技术等创新技术实现项目建设绿色、高效、优质、智慧,此外,秉承设计开放性、灵活性、创造性、与周边校园建筑互动性和连通性等原则,成为创新设计的试验基地和国际知名的设计学术中心。

(三)重点实验室集群

重点实验室集群位于深圳大学城体育场东侧预留发展用地。占地面积为3.37万平方米,总建筑面积约18.7万平方米,项目投资初步匡算15.3亿元,由深圳市政府投资建设。其中的科研用房总建筑面积约10万平方米,包括城市水资源与水环境国家重点实验室、机器人技术与系统国家重点实验室、先进焊接与连接国家重点实验室、可调谐激光技术国防科技重点实验室、特种环境复合材料技术国防科技重点实验室、空间信息网络及应用重点实验室、网络空间安全重点实验室、城市工程安全重点实验室这8个重点实验室;公共服务平台总建筑面积约4.3万平方米;行政及生活服务用房总建筑面积4 000平方米;架空层、连廊及地下室总建筑面积约4万平方米。

(四)高层次人才科研楼

高层次人才科研楼位于深圳校区西北侧。用地面积2 340平方米,总建筑面积2.35万平方米,总投资1.4亿元。项目地上13层,地下2层,建筑外立面采用砖红色彩,将成为深圳大学城西入口门户标志。项目注重建筑内外品质,追求建筑的细节设计与精益建造,全流程BIM数字化运用,体现建筑的先进性,使用大数据云端运维管理策略打造智慧建筑引领智慧校园。项目建成后,将为深圳全球化发展研究院、经济管理学院的教学、科研等空间提供有力保障。

校园风景(一)

校园风景（二）

二、智慧校园服务教学信息化建设

深圳校区的智慧校园建设立足深圳、面向国际，以改革为动力，以加快校区发展、提高教育质量、提升科研水平为目的，以需求为导向，以应用为重点，统一规划建设。围绕业务需求，灵活运用各种信息技术，基于 PC 互联网和移动互联网，构建一体化信息服务平台，实现统一协同的应用群集，建立一体化、数字化、移动化、知识化和智能化的智慧校园，实现"办学国际化、管理精致化、服务人性化"的目标。

（一）高速可靠的网络环境

有线网核心设备之间 2×40 G 链路互联，采用 20 GE 到核心、10 GE 到汇聚、千兆到桌面的方案，支撑校园网流量的爆炸式增长，全网无感知支持 IPv6。采用扁平化的大二层网络，使用运营商级的 BRAS 设备对用户统一认证管理，简化网络结构，节省了边缘设备的配置和维护工作量，降低网络的运维难度。使用统一的网管平台，对有线、无线、服务器等进行统一管理，通过可视化网络质量诊断和全生命周期管理实现主动运维和快速故障定界，有效简化网络运维，提升运维效率。

（二）智能创新的教学环境

建设智慧多媒体教室，包含自动录播教室、MOOC 课件制作教室、网络学习课堂、远程互动教室、研讨型教室等，打造一流的教育教学多媒体平台，为教育教学改革提供技术保障。建设网络学习平台，实现学生多渠道、多维度学习，提高学生的自主学习能力，实现人人互通，校校互通。建设基于 3D 人脸识别技术、智能高效的学生点名系统，上课期间按照课表信息自动比对学生人脸数据完成点名，后台自动统计各科到课率，校区整体到课率。建设快捷智能的课件录制系统，基于最新抠像技术的自动课件录制系统，一次完成录制。建设标准集控管理平台，将教室巡课、设备控制、远程管理、远程协助等多项功能集成在统一的集控平台上，实现一体化管理。

（三）高效一体的办公环境

在校园综合信息平台内，实现基于公共数据库体系和统一身份平台的信息应用集成与服务，实现各应用子系统的互联互通，覆盖深圳校区教学、科研、管理和教职工和学生生活的各项需要。建设信息发布平台，整合深圳校区内部各类资源，为师生提供全面、系统、快速、便捷的"一站式"网上信息服务，实现深圳校区综合新闻、人事新闻、政企服务、活动剪影、通知公告、动态资讯等重要信息的统一发布。提供移动办公，通过手机、PAD、瘦终端、电脑软终端连接云桌面和应用程序，实现远程办公和移动办公。

（四）精致统一的信息环境

以业务流程全生命周期为导向构建业务架构，建设以业务为主线的全生命周期管理平台，打造师生一站式服务大厅，其中重点包括学生及教务管理全生命周期、科研管理全生命周期、资产管理全生命周期、人力资源管理全生命周期、服务资源全生命周期等几个核心的业务线条的整合，提高信息共享水平，从而提升全校的管理运营水平，实现深圳校区"管理精致化"的目标。

（五）决策支持的数据环境

建设具备三大特色的大数据中心：一是实现多维度的集成，解决数据孤岛问题，实现业务连通；二是发挥引擎作用，解决信息化的内涵问题，即推动教育发展；三是推动高校生态化的发展演进。将传感器的物理感知，一卡通、无线网的行为感知，信息系统的流程数据感知，教育、科研的知识感知集成到一个大的数据中心。将校园从物理空间映射到数字空间。利用大数据分析处理技术，针对海量校园动态信息进行分析挖掘，为师生提供智能、高效、公平、透明的信息服务；服务于教学、科研、管理、评估、决策，构建校园的智慧空间。在深圳校区现有公共数据平台基础上，升级为全校的决策型数据中心，以盘活深圳校区现有的数据资产，提供更加深入的数据服务，为深圳校区的决策提供有效支撑手段。通过构建业务主题模型，支撑教学、科研、财务、资产等业务的即时查询、综合报表、分析、预测、预警、评估等功能，为深圳校区各用户提供数据服务，为校区领导提供决策支持。

附 录

1. 教育部关于同意设立哈尔滨工业大学深圳研究生院的通知（教研函〔2002〕1号）

中华人民共和国教育部

教研函〔2002〕1号

教育部关于同意设立哈尔滨工业大学深圳研究生院的通知

国防科工委：

《国防科工委关于哈尔滨工业大学深圳研究生院的函》（科工函[2001]135号）以及深圳市人民政府《关于我市与哈尔滨工业大学合作创办哈尔滨工业大学深圳研究生院的函》（深府函[2001]91号）均收悉。经研究，同意设立哈尔滨工业大学深圳研究生院。

设立哈尔滨工业大学深圳研究生院，目的在于充分发挥哈尔滨工业大学的学科优势和深圳的区域优势，面向国防科技工业、深圳区域经济和社会发展特别是高新技术产业发展的需要，培养高层次人才，探索和发展新型的高校与政府、科研单位、企业在人才培养和科技创新方面的合作机制。

哈尔滨工业大学深圳研究生院隶属哈尔滨工业大学，是哈尔滨工业大学设在深圳的、以培养研究生为主要任务的教育机构。哈尔滨工业大学应在深圳市人民政府的大力支持下，对哈尔滨工业大学深圳研究生院办学的经费筹措、硬件条件、教学质量与师资保障等进行统筹规划和管理。哈尔滨工业大学深圳研究生院的招生计划应纳入哈尔滨工业大学校本部研究生招生计划,在研究生招生和培养方面应与校本部的学生同样要求,以确保与校本部培养的学生具有相同的水平和质量。

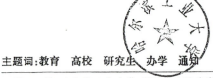

主题词:教育　高校　研究生　办学　通知

抄　　送:哈尔滨工业大学、深圳市人民政府
部内发送:有关部领导,办公厅、规划司、学生司

教育部办公厅　　　　　　　　　　2002年2月10日印发

2. 深圳市机构编制委员会关于成立哈尔滨工业大学深圳研究生院通知（深编〔2002〕28号）

深圳市机构编制委员会文件

深编〔2002〕28号

关于成立哈尔滨工业大学深圳研究生院的通知

市直各有关部门：

根据市政府与哈尔滨工业大学关于《合作创办哈尔滨工业大学深圳校区协议书》和教育部《关于同意设立哈尔滨工业大学深圳研究生院的通知》（教研函〔2002〕1号）精神，经研究，同意成立哈尔滨工业大学深圳研究生院。现将有关事项通知如下：

一、哈尔滨工业大学深圳研究生院为市政府与哈尔滨工业大学合作创办的事业单位，实行理事会领导下的院长负责制；研究生院党委接受深圳市委和哈尔滨工业大学党委的双重领导；后勤事务暂由深圳大学城建设办公室代管。

二、该院的职责任务是：根据深圳经济社会发展对科技进步与人才的需求，结合时代前沿学科，重点培养以理工类研究生为主体的创新人才；开展原发性科技创新研究；与国内外大学、研究机构及企业合作，进行成果转化与产品开发，为深圳二次创业提供人才支持与技术支撑。

三、该院暂配事业编制20名；人员经费参照市政府《关于清华大学深圳研究生院机构编制和办学投入暂行办法》（深府〔2001〕175号）的有关规定执行。

此通知

二○○二年五月二十八日

主题词：机构　编制　通知

抄送：市编委领导成员，市委办，组织部，市府办，发展计划局，财政局，人事局，市直其它有关部门。

深圳市机构编制委员会办公室　　　2002年5月29日印发

（印 40 份）

— 2 —

3. 中共哈尔滨工业大学委员会关于成立中共哈尔滨工业大学深圳研究生院总支部委员会的决定（校党发〔2004〕39号）

中共哈尔滨工业大学委员会文件

校党发[2004]39号

关于成立中共哈尔滨工业大学深圳研究生院
总支部委员会的决定

各党委（总支）：

经党委常委2004年9月30日第15次会议讨论决定，成立中共哈尔滨工业大学深圳研究生院总支部委员会。

中共哈尔滨工业大学委员会
2004年9月30日

主题词：成立　总支　决定

哈尔滨工业大学学校办公室　　　2004年9月30日印发

共印35份

4. 共青团哈尔滨工业大学委员会关于成立中国共产主义青年团哈尔滨工业大学深圳研究生院委员会的批复（团发〔2010〕7号）

共青团哈尔滨工业大学委员会文件

团发〔2010〕7号

关于成立中国共产主义青年团哈尔滨工业大学深圳研究生院委员会的批复

中共哈尔滨工业大学深圳研究生院总支部委员会：

你处报来《关于成立中国共产主义青年团哈尔滨工业大学深圳研究生院委员会的申请》已收悉。经学校团委研究决定，同意成立中国共产主义青年团哈尔滨工业大学深圳研究生院委员会，同意于伟同志任书记、范云同学任兼职副书记。

此复！

共青团哈尔滨工业大学委员会
2010年3月16日

5. 中共哈尔滨工业大学委员会关于成立中共哈尔滨工业大学深圳研究生院委员会的通知（校党发〔2010〕42号）

中共哈尔滨工业大学委员会文件

校党发〔2010〕42号

关于成立中共哈尔滨工业大学
深圳研究生院委员会的通知

各党委（总支）：

按照《中共哈尔滨工业大学基层委员会工作条例》的有关规定，经2010年5月7日党委常委会议决定，成立中共哈尔滨工业大学深圳研究生院委员会。

中共哈尔滨工业大学委员会
2010年5月7日

—1—

主题词：机构　成立　通知

哈尔滨工业大学学校办公室　　2010年5月7日印发

共印50份

—2—

6. 教育部关于同意哈尔滨工业大学深圳研究生院筹备举办本科教育的函（教发函〔2014〕107号）

中华人民共和国教育部

教发函〔2014〕107号

教育部关于同意哈尔滨工业大学深圳研究生院筹备举办本科教育的函

广东省人民政府、工业和信息化部：

《广东省人民政府关于商请批准哈尔滨工业大学深圳研究生院开展本科生教育的函》（粤府函〔2013〕190号）和《工业和信息化部关于同意哈尔滨工业大学在深圳开展本科生教育的函》（工信部人函〔2013〕529号）均收悉。经研究，我部原则上同意哈尔滨工业大学深圳研究生院设立单独招生代码开展本科教育。

希望广东省、工业和信息化部与哈尔滨工业大学等有关方面加强协调沟通，密切合作，广东省特别是深圳市应尽快全面落实学校建设经费和发展经费，抓紧完成学校校园建设，加强师资队伍建设，完善各项基本的办学条件。待该院办学条件和基础设施达到开展本科教育的条件和标准后,我部将按有关规定和程序进行审批。

抄　　送:广东省教育厅、深圳市人民政府、哈尔滨工业大学
部内发送:有关部领导,办公厅、高教司、学位办

| 教育部办公厅 | 不予公开 | 2014年5月8日印发 |

7. 深圳市人民政府办公厅关于设立哈尔滨工业大学（深圳）筹建办公室的通知（深府办函〔2015〕103号）

深圳市人民政府办公厅

深府办函〔2015〕103号

深圳市人民政府办公厅关于设立哈尔滨工业大学（深圳）筹建办公室的通知

各有关单位：

为落实《教育部关于同意哈尔滨工业大学深圳研究生院筹备举办本科教育的函》（教发函〔2014〕107号）、《深圳市人民政府 哈尔滨工业大学合作共建哈尔滨工业大学（深圳）协议书》，加快筹建哈尔滨工业大学（深圳），经市政府同意，现设立哈尔滨工业大学（深圳）筹建办公室（以下简称筹建办）。

筹建办由市政府与哈尔滨工业大学（以下简称哈工大）选派人员组成，接受市政府和哈工大领导，主要负责哈尔滨工业大学（深圳）开展本科生教育所需的基础设施建设、师资队伍招募、专业及课程体系设置、招生规划和人才培养方案制订等各项筹备工作。

筹建办作为其他组织利用国有资产举办的事业单位，不定人员编制，不定领导人待遇，待教育部正式批复同意哈工大在深圳开展本科生教育、哈工大深研院更名为哈尔滨工业大学（深圳）

后予以撤销。

请哈工大深研院按照有关规定到市事业单位登记管理局办理相关登记手续。

市政府办公厅
2015年7月17日

公开方式：依申请公开

抄送：哈尔滨工业大学；市委办公厅，市人大常委会办公厅，市政协办公厅，市纪委办公厅，市中级法院，市检察院。

8. 中共深圳市委教育工作委员会关于成立哈尔滨工业大学（深圳）筹建办临时党委及唐杰等同志任职的通知（深教工委发〔2015〕24号）

9. 教育部关于同意哈尔滨工业大学深圳校区开展本科教育的函（教发函〔2017〕86号）

中华人民共和国教育部

教发函〔2017〕86号

教育部关于同意哈尔滨工业大学深圳校区开展本科教育的函

工业和信息化部、广东省人民政府：

《工业和信息化部关于哈尔滨工业大学深圳研究生院开展本科教育并更名的函》（工信部人函〔2016〕156号）、《广东省人民政府关于支持哈尔滨工业大学深圳研究生院举办本科教育并更名的函》（粤府函〔2017〕29号）收悉。

经研究，以哈尔滨工业大学深圳研究生院为基础，设立的哈尔滨工业大学深圳校区已具备开展本科教育的条件，可以开展本科教育并安排单独招生代码（18213），招生计划在哈尔滨工业大学年度招生总规模内统筹解决。

该校深圳校区的学科专业设置，要紧密结合广东省和深圳市高新技术产业发展的需求，体现与校本部的差异化和互补性。在招生组织和培养管理等方面，要坚持与校本部统一要求，确保培养质量，同时为体现学生所在校区的不同，须在招生和毕业证书发放时注明培养校区。学生学籍、户籍、就业等相关事项,纳入广东省教育厅实行属地管理。

望你们加大对该校深圳校区的指导和支持力度,督促深圳市为校区发展落实充足稳定的持续性经费投入,引导学校对深圳校区科学定位,全面加强师资队伍建设和各项办学条件建设,不断提高办学质量和办学水平,为经济社会发展做出更大贡献。

教 育 部
2017年7月3日

(此件依申请公开)

抄　　送:广东省教育厅
部内发送:有关部领导,办公厅、政法司、学生司、学位办

| 教育部办公厅 | 2017年7月4日印发 |

10. 中共深圳市委组织部关于成立中国共产党哈尔滨工业大学（深圳）委员会的通知（深组党〔2017〕1号）

中共深圳市委组织部文件

深组党〔2017〕1号

中共深圳市委组织部关于成立中国共产党哈尔滨工业大学（深圳）委员会的通知

中共深圳市委教育工作委员会：

市委决定：

成立中国共产党哈尔滨工业大学（深圳）委员会。

中共深圳市委组织部
2017年12月27日

— 1 —

抄报：市委常委，党员副市长
抄送：市纪委，市委、市府办公厅，市直机关工委

中共深圳市委组织部办公室　　2018年1月11日印发

— 2 —

11. 中共深圳市委组织部关于成立中国共产党哈尔滨工业大学（深圳）纪律检查委员会的通知（深组党〔2018〕2号）

中共深圳市委组织部

深组党〔2018〕2号

中共深圳市委组织部关于成立中国共产党哈尔滨工业大学（深圳）纪律检查委员会的通知

中国共产党哈尔滨工业大学（深圳）委员会：

经研究决定：

成立中国共产党哈尔滨工业大学（深圳）纪律检查委员会。

中共深圳市委组织部
2018年7月25日

— 1 —

抄报：市委常委，党员副市长
抄送：市纪委，市委、市政府办公厅，市委教育工委

中共深圳市委组织部办公室　　2018年7月26日印发

— 2 —